Dutch designers
Yearbook

nai010 publishers

Dd'22

Weg

Toen we 'chaos' kozen als thema voor 2022 wisten we nog niet wat het jaar voor ons in petto had. Oorlog. Een stikstofcrisis en verlammende boerenprotesten. De energiecrisis en torenhoge inflatie. Een voortdurende vluchtelingencrisis in tijden van hoge woningnood. Afnemend vertrouwen in journalistiek, politiek en democratie. Soepblikken en lijmtubes als wanhoopswapens tegen de apathie en onwil om de klimaatcrisis fundamenteel aan te pakken, ondanks dat het ene na het andere hitterecord sneuvelde.

Als een veelkoppig monster verspreidde de chaos zich razendsnel, en manifesteerde zich in de gedaante van wat we een polycrisis zijn gaan noemen. Door journalist Hans Steketee in het NRC Handelsblad treffend omschreven als een snelle, niet-lineaire, onvoorspelbare, grensoverschrijdende systeemcrisis die als geheel gevaarlijker is dan de som der delen.

Nu kunnen we als konijnen in de koplampen blijven staren. Of ontmoedigd raken door de grote uitdagingen, de gigantische investeringen en de offers die zullen moeten worden gebracht. Toch blijven wij liever kijken naar wat wel kan, wat 'we' wel kunnen. Kunnen bedenken, kunnen doen, kunnen veranderen, of – beter laat dan nooit – kunnen voorkomen. "Waar een weg is, is een wil" schrijft Yvo de Boer daarover in zijn brief aan ontwerpers, "dus toon de weg!"

Dit Dd Yearbook toont vele wegen. Niet die keurige maar tegelijk bedrieglijke snelwegen. Eerder wegen die meanderen door hobbelig en verward land, B-wegen, doorsteekjes of geitenpaadjes. Ze doen ons opnieuw denken, wijzen naar iets anders, naar onverwachte combinaties en opties. Maakkracht is de titel van een pas verschenen boek van social-designduo Tabo Goudswaard en Jetske van Oosten. Aan die kracht – de kern van het ontwerpvak – brengen wij een ode. En ondertussen gaan ook wij onze eigen weg.

Madeleine van Lennep
& Freek Kroesbergen

A Way

When we chose 'chaos' as the theme for 2022, we had no idea what this year had in store for us. War. A nitrogen crisis and crippling farmers' protests. The energy crisis and sky-high inflation. An ongoing refugee crisis coupled with a serious housing shortage. Diminishing trust in journalism, politics and democracy. Soup cans and glue as weapons of desperation to fight apathy and the unwillingness to fundamentally tackle the climate crisis, despite setting one heat record after another.

Like a multi-headed beast, the chaos spreads at lightning speed, manifesting itself in the form of what we've come to call a 'polycrisis'. In the NRC Handelsblad, journalist Hans Steketee strikingly described it as a fast, non-linear, unpredictable, cross-border systemic crisis, which as a whole is far more dangerous than the sum of its parts.

And we could just stop and stare like a deer in headlights. Or get discouraged by the massive challenges, the huge investments, and the sacrifices that will have to be made. Yet we prefer to keep thinking about what is possible, about what 'we' can do. Can invent, can make, can change, or – better late than never – can prevent. 'Where there's a way, there's a will', Yvo de Boer writes in his letter to designers, 'so show us the way!'

This Dd Yearbook offers many different ways. However, not the tidy but misleading motorways. Instead, you'll find ways that meander through bumpy and confusing landscapes, country lanes, shortcuts and dirt roads. They force us to rethink things and point to something else, to unexpected combinations and options. 'Maakkracht' ('the power of making') is the title of a recently published book by social design duo Tabo Goudswaard and Jetske van Oosten. Here we pay tribute to that power – the core of the design profession. And in the meantime, we'll also go our own way.

Madeleine van Lennep
& Freek Kroesbergen

Contents

4

**Design Year
11 Highlights of 2022**

144

**Muscle Memory
10 Years of Driving
Dutch Design**

164

**Anti-Design
Story by Timon Vader**

176

Advertisements

187

Contents 6

Contents

Cha

Genoeg gezegd over het fenomeen zelf. In dit deel zoeken we de uitweg. Klimaatdiplomaat Yvo de Boer schreef op ons verzoek een brief aan ontwerpers. De Oekraïense studio Between the Walls ziet ook in tijden van oorlog lichtpunten, verlegt de focus en vliegt uit. Edo Dijksterhuis zet een aantal concrete en inspirerende initiatieven rond de energietransitie in het zonnetje, waarbij de toegenomen urgentie ons wind in de rug geeft. Ook de BNO zelf gaat met een nieuwe directeur een nieuw tijdperk in.

That's enough about the phenomenon itself. In this section, we look for the way out. We asked climate diplomat Yvo de Boer to pen a letter to designers. Even in times of war, the Ukraine based agency Between the Walls sees rays of hope, is shifting its focus and flourishing. Edo Dijksterhuis shines the spotlights on a number of concrete, inspiring initiatives in the field of energy transition, with the increased urgency proving to be the wind at our backs. And as it welcomes a new director, the BNO itself moves into a new epoch.

Beste ontwerper,

Grote kans dat je mij niet kent. Ik ben Yvo de Boer, vader van drie en opa van twee. Mijn werkende leven begon ik in de reclassering in Leiden, waar ik me vooral richtte op jongeren. Daarvan zat 95% binnen een jaar weer achter de tralies. Ik had het gevoel dat ik bezig was geestelijke bijstand te verlenen aan mensen met materiële problemen. Ik kon ze niet helpen aan een andere woning. En ook niet aan een baan. Waar de reclassering voor staat kon ik evenmin veranderen. Dus ben ik overgestapt en via een paar omzwervingen terechtgekomen bij klimaat en duurzaamheid.

PRANGENDE VRAGEN

Wat mij aantrok was de vraag hoe iets waar bijna iedereen het zo harts-tochtelijk over eens lijkt, ons toch zo kan verdelen. Ik wou begrijpen hoe je, ondanks ogenschijnlijk onverenigbare belangen, toch een ge-zamenlijke oplossing kunt vinden: eenheid in verscheidenheid, om bij de Nederlandse 'tagline' aan te sluiten. Om dat te bereiken heb ik al die belangen verkend. Door te werken voor de overheid, de EU, de VN, internationale organisaties, het bedrijfsleven en activistenclubs.

Het klimaatprobleem is er nog steeds. Het is zelfs erger. Toch ben ik beter gaan begrijpen waarom het zo moeilijk is, maar dat je niettemin tot heel praktische oplossingen kunt komen. Daar wil ik het in deze brief over hebben.

Letter

Dear designer,

Words: <u>Yvo de Boer</u>

There's every chance that you do not know who I am. My name is Yvo de Boer, father of three and grandfather of two. I started my working life at a resettlement organisation in Leiden, focusing on young offenders. 95% of the people who crossed my path were back behind bars within a year. I felt like I was offering psychological assistance to people with material problems. I couldn't arrange a new home for them. Or a different job. And I couldn't change the fundamentals of resettlement. So, after a few stops along the way, I ended up in the field of climate and sustainability.

PRESSING QUESTIONS

What appealed to me was the question of how something that nearly everyone so passionately agrees on can divide us so strongly. I wanted to understand how, despite ostensibly irreconcilable interests, you could still find a shared solution: unity in diversity, to use a popular Dutch saying. So I started exploring all of the various interests, by working for the Dutch government, the EU, the UN, international organisations, the business world and activist groups.

The climate problem hasn't gone away. It's actually got worse. And yet I have come to understand why it's such a problematic issue, and that you can nevertheless develop very practical solutions. Which I would like to discuss in this letter.

Yvo de Boer

Een voorbeeld. Je hebt ze vast wel zien langskomen, de vuilniswagens met daarop de tekst 'Afval bestaat niet'. Heb je stilgestaan bij wat er schuil gaat achter die leus, behalve natuurlijk een berg afval? Eigenlijk verrassend veel dat te maken heeft met praktische oplossingen voor eenvoudige problemen. Ook heel veel dat te maken heeft met ontwerp. Op de eerste plaats is er natuurlijk de vraag wat van dat afval omgetoverd kan worden tot een nieuw product. Kan een eindproduct worden herboren als grondstof, die in een nieuwe vorm een nuttige bestemming krijgt? Geen onbelangrijke kwestie in het deel van de wereld waar wij wonen. De Europese economie is enorm intensief als het gaat om de inzet van grondstoffen. Grondstoffen die wij nauwelijks hebben. Grondstoffen die niet altijd even makkelijk of betaalbaar beschikbaar zijn en blijven.

Ook komt de vraag op hoe wij bij het ontwerp van wat uiteindelijk terecht komt in die vuilniswagen toch zo zuinig en efficiënt mogelijk kunnen zijn. Ten slotte is er dan nog de vraag of wij bij het ontwerp niet meer aandacht kunnen besteden aan hoe iets uiteindelijk weer uit elkaar is te halen, om de onderdelen een nieuwe bestemming te geven. Hoe kunnen wij zorgen dat iets zo is ontworpen dat je het ook kunt repareren, zodat het pas veel later via de vuilniswagen een nieuwe bestemming krijgt?

Vragen als deze zijn niet onbelangrijk in deze tijd. Lang hebben wij geleefd in de waan dat onze wereld een onuitputtelijke bron van grondstoffen is, dat wij de negatieve gevolgen van ons economisch model voorlopig kunnen afwentelen op toekomstige generaties, omdat vooruitgang en ontwikkeling wel een oplossing zullen bieden. Get rich now and clean-up later, heet dat in goed Nederlands.

VISIE VERSUS GETREUZEL

Koningin Cleopatra heeft ooit, uit respect voor behoud van een vruchtbare aarde, de doodstraf gezet op het vervreemden van een regenworm. Gelukkig hoeven koninginnen niet herkozen te worden, anders had die daadkracht haar vast een tweede termijn gekost.

De realiteit is dat een aantal trends het ons steeds moeilijker maakt om de problemen ongestraft voor ons uit te schuiven. Ik denk daarbij aan zaken als de uit de hand gelopen klimaatverandering. Aan alle problemen rondom energieprijzen en energievoorzieningszekerheid. Aan voedselschaarste en de noodzaak meer voedsel te produceren op steeds minder vruchtbare grond, terwijl de verspilling ondertussen toeneemt. Ik denk aan water – te veel waar je het niet wilt en te weinig waar wel, aan grondstof- en materiaalschaarste, ontbossing en het verlies van biodiversiteit. Trends die op zichzelf al zorgwekkend genoeg zijn, maar die elkaar ook nog eens versterken.

Even leek het erop alsof wij eindelijk zover waren om een aantal van deze zaken het hoofd te bieden. De in Parijs gemaakte klimaatafspraken en de mondiale Sustainable Development Goals zijn voorbeelden daarvan. Maar andere ontwikkelingen hebben ons gedwongen nog

Letter

Allow me to provide an example. You've probably seen them on the streets, those garbage trucks sporting the text 'There's no such thing as garbage' ('Afval bestaat niet'). Have you ever thought about what's behind the slogan, apart from a mountain of waste, of course? It actually has a surprising amount to do with practical solutions for straightforward problems. And a lot to do with design. The first question is of course what of this waste can be transformed into a new product. Can an end product be reborn as a raw material, which can become useful in a new form? Not an unimportant question in our part of the world. The European economy is highly intensive when it comes to the use of raw materials. Raw materials that we hardly have. Raw materials that are not always easily available or affordable, and that's not set to change.

There's also the question of how we design what ultimately ends up in the garbage truck to be as economical and efficient as possible. And finally, there's the question of whether – as early as the design stage – we shouldn't be paying more attention to how things can be taken apart, so that the components can be reused. How can we ensure that something is designed in such a way that you can also repair it, so that we substantially prolong the time before it is given a new life, via the garbage truck?

Questions such as these are certainly not unimportant in our times. For too long, we have lived under the delusion that our world is an inexhaustible source of raw materials, that we can continue to shift the negative consequences of our economic model onto future generations, because progress and development will come up with a solution. To borrow an apt English saying: get rich now and clean-up later.

VISION VERSUS PROCRASTINATION

Queen Cleopatra was so determined to ensure that the ground remained fertile that she made removing earthworms an offence punishable by death. It was lucky for her that queens don't have to worry about being re-elected, otherwise such a resolution would probably have cost her a second term.

The reality is that several trends are making it increasingly difficult for us to get away with delaying addressing the problems. My mind turns to matters such as out of control climate change. To all of the problems associated with energy prices and energy security. To food shortages and the necessity to produce more food on increasingly less fertile ground, while food waste is on the rise. And my mind turns to water – too much of it where you don't want it, and too little of it where you do, to (raw) material shortages, deforestation and the loss of biodiversity. Trends that are alarming individually, but that also intensify each other.

For a short while, it appeared as if we were finally ready to make progress with some of these problems. As reflected in the climate agreements made in Paris and the global Sustainable Development

Yvo de Boer

even pas op de plaats te maken en te investeren in het economisch model van vandaag, in plaats van dat van morgen. Ik denk dan onder andere aan de coronasteunpakketten en onze enorme inzet om nog meer kolen en gas naar Europa te krijgen.

WIL EN WEG

De vraag is hoe wij dit kunnen doorbreken. Kom op, zou je zeggen, schouders eronder. Waar een wil is, is een weg! De goede wil is echter niet het probleem. Het punt is dat wij vaak juist de weg niet zien en daardoor de problemen gaan ontkennen, naar een ander wijzen, of zeggen: dat komt morgen wel, als wij dat probleempje van vandaag hebben opgelost. Zeker als de weg naar de oplossing gaat via impopulaire beslissingen of maatregen. Dan tillen wij het maar over de verkiezingen heen.

Misschien moeten we het gezegde daarom omdraaien. Ervan uitgaan dat als wij – eigenlijk moet ik zeggen: jullie – de weg kunnen laten zien, de oplossing en de aantrekkelijkheid ervan tonen, de wil wel volgt. Dan is de rol van de ontwerper ineens heel erg belangrijk. Want je hebt als ontwerper ongelooflijk vaak de mogelijkheid om keuzes te bieden. Om de weg bij de wil te leveren. Om te laten zien dat iets ook anders kan, en zonder dat het duurder, lelijker of onhandiger wordt.

Denk terug aan de trends die ik eerder noemde, en stel jezelf de vraag: wat zou er gebeuren als ik ze als referentiekader gebruik voor mijn ontwerp? Hoe kan ik producten en diensten – en diensten ter vervanging van producten – zo ontwerpen dat ze de negatieve gevolgen van de trends minimaliseren en (of) de positieve invloed erop maximaliseren?

In mijn kast hangt een overhemd gemaakt van de vezels van ananasbladeren. Ik draag het omdat het een heel mooi hemd is. Ook nog eens lekker luchtig. Dat waren de drijfveren voor de aanschaf. Dat het hemd gemaakt is van wat decennialang een nutteloos afvalproduct was, is een bijkomstigheid. Dankzij slim ontwerp zou ik mijzelf ook virtueel kunnen kleden, zodat er zelfs geen restproduct aan te pas komt. Wel wat gevaarlijk op mijn leeftijd!

Technologie heeft mij in staat gesteld om veel meer controle te hebben over mijn energiegebruik. Die technologie wordt geleverd door mensen die mij vroeger zo veel mogelijk energie probeerden te verkopen. Nu verdienen ze juist hun brood met energiebesparing. Een applicatie kan mij sneller brengen bij een deelauto dan ik de weg kan vinden naar de bushalte, bij wijze van spreken.

SLIM EN SAMEN

Voorbeelden genoeg. Ik hoef ze niet te geven. Jij kent je omgeving en mogelijkheden veel beter dan ik. Jij weet welke trends relevant zijn voor wat je doet. Jij weet waar je een weg kunt laten zien aan de wil die nu nog zoekende is. Want ontwerpen betekent keuzes maken.

Goals. But other developments have forced us to mark time and to invest in the economic model of today, instead of that of tomorrow. The COVID-19 support packages, for example, come to mind, and our huge efforts to get more coal and gas into Europe.

WILL AND WAY

The question is how we can turn the tide. Shoulders to the wheel, you might say. Where there's a will, there's a way! However, good will is not the problem. The point is that we often don't see the way, which leads us to denying the problems, pointing the finger at others, or saying: we'll deal with that tomorrow, once we've solved today's little problem. Certainly if the way to the solution involves unpopular decisions or measures. Better put that on the back burner until after the elections.

So perhaps we should reverse the saying. Make the assumption that if we – or actually I should say: you – find the way, show the solution and why it makes sense, the will will follow in due course.

The designer then suddenly has a highly significant role. Because as a designer, you are very often in the position to offer choices. To present the way to accompany the will. To show that something can be done differently, without it becoming more expensive, uglier or less useful.

Think back to the trends I mentioned earlier, and ask yourself: what would happen if I used them as a frame of reference for my design? How can I design products and services – and services that can replace products – in such a way that they minimise the negative consequences of the trends and (or) maximise the positive influence on them?

I am the proud owner of a shirt made from pineapple leaf fibre. I like wearing it because it's a good looking shirt. It's also pleasingly light. These are the reasons why I bought it. The fact that the shirt is made from what was for decades seen as a useless waste product, is incidental. Thanks to clever design, I could even dress myself virtually, avoiding all waste. But that's perhaps a little risky at my age!

Technology has helped me get much better control of my energy consumption. This technology is provided by the same people who once tried to sell me as much energy as possible. They now make their living by saving energy. An app can get me to a shared-use car quicker than I can find my way to the bus stop, in a manner of speaking.

CLEVERLY COLLABORATIVE

Enough examples. I hardly need to offer them; you know your environment and possibilities much better than I do. You know which trends are relevant for what you do. You know where you can show a way to a will that is currently astray. Because designing means making choices.

As a professional, you are naturally not an island. You are part of a process. Of collaborations. Between the suppliers and producers of materials, those who have to assess or stimulate demand, investors and those who have to 'sell' the end result. But who takes the lead in the

Yvo de Boer

Als professional zit je natuurlijk niet op een eiland. Je bent onderdeel van een proces. Van samenwerkingsverbanden. Tussen de leveranciers en producenten van materialen, degenen die vraag moeten beoordelen of stimuleren, investeerders en zij die het eindresultaat 'aan de man' brengen. Maar wie neemt in die samenwerking op welke manier de leiding? Hoe wordt een product of dienst nu werkelijk de beste optie, als het gaat om negatieve gevolgen te minimaliseren en tegelijk positieve kansen te optimaliseren?

Ik moet daarbij terugdenken aan de eerste en tweede oliecisis. Nederland moest energie besparen. Maar ja, de mensen die goed zijn in het maken van kaas, schaatsen of fietsen, zijn niet automatisch ook expert als het gaat om energie-efficiency. Oplossing was een door de overheid in het leven geroepen adviesdienst die per bedrijf een analyse maakte van mogelijke oplossingen en daarbij de kosten en baten in beeld bracht. Tal van bedrijven namen maatregelen om hun energiegebruik en de elektriciteitsrekening drastisch naar beneden te brengen. De weg werd getoond waar tot dan alleen de goede wil aanwezig was.

Mijn leven is vol van dingen waarbij ik denk: wie is er ooit zo slim geweest om dit te verzinnen? Wij gaan allemaal met een andere bril op door het leven. De bril van de ontwerper maakt het mogelijk om iets te zien dat er nog niet is. Om inventief en creatief te voorzien in behoeften. Zelfs om te voorzien in behoeften waarvan wij niet wisten dat wij ze hadden. En dat in deze tijd van complexe vraagstukken, conflicterende belangen, maar een dringende en gemeenschappelijke behoefte aan oplossingen. Het aandragen van een praktische oplossing kan de cyclus doorbreken en veel positieve energie losmaken. Dus toon de wil een weg! ●

collaboration, and how? How does a product or service really become the best option, when it's about minimising negative consequences while optimising positive opportunities?

My mind takes me back to the first and second oil crises. The Netherlands needed to save energy. All very well, but the people who are good at making cheese, ice skating and cycling, are not automatically also experts when it comes to energy efficiency. The solution came in the form of a consultancy service, set up by the government, which made an analysis for each company outlining the potential solutions and the associated costs and benefits. Countless companies implemented measures to drastically cut their energy usage and electricity bills. The way was shown, where previously there was only good will.

My life is packed with things that make me think: who was the bright spark who thought this up? We all make our way through life looking through different lenses. The designer's lens helps us see things that do not yet exist. To inventively and creatively meet needs. Even to meet needs that we didn't know we had. And that in these times of complex issues and conflicting interests, but also of an urgent and shared desire for solutions. Offering practical solutions can break the cycle and release masses of positive energy. So show the will a way! ●

YVO DE BOER

As early as 1994, 'climate diplomat' Yvo de Boer (1954) was involved with climate change policies. He is currently President of the Gold Standard Foundation, which works to ensure maximum impact on climate action and the Sustainable Development Goals. Yvo's most notable position was as Executive Secretary of the United Nations Framework Convention on Climate Change (UNFCCC) from 2006 to 2010, during which he placed strong emphasis on private sector engagement. Having spent decades in influential positions, including as KPMG's Global Chairman of Climate Change & Sustainability Services and as Director General of the Global Green Growth Institute, he is a key figure in the effort against climate change. Yvo was knighted by Her Majesty the Queen of the Netherlands in 2009, and received the Dutch Climate Award in 2010.

Yvo de Boer

Interview with Between the Walls

'The v made visible

Oorlog zorgt voor chaos en onzekerheid, maar dwingt ook tot het vinden van creatieve oplossingen en het veranderen van perspectief. Voor Between the Walls, een bureau voor interieurarchitectuur in Kiev, was de invasie van Oekraïne aanleiding om internationaal de vleugels uit te slaan.

Words: <u>Edo Dijksterhuis</u>

var has us

Between the Walls

War causes chaos and uncertainty, but also forces us to find creative solutions and new perspectives. For Between the Walls, an interior design firm in Kyiv, the invasion of Ukraine was a good reason to spread their wings abroad.

"We hebben bewijs dat we in ieder geval twee levens hebben gered", vertelt Andrii Anisimov. "Soldaten hebben ons foto's gestuurd van hun kogelwerende vesten nadat ze beschoten waren."

Een paar jaar geleden had Anisimov niet kunnen voorspellen dat hij nu een actieve speler is in de oorlogsindustrie van Oekraïne. Maar ook niet dat hij medeoprichter en -eigenaar zou zijn van de ontwerpstudio Between the Walls. "Ik wist niet eens wat interieurarchitectuur betekende", zegt hij grappend in een Zoom-interview. "Ik werkte als adviseur in de financiële sector toen mijn familie besloot te investeren in onroerend goed en ik ontwerper Victoria Karieva ontmoette. Ik bracht haar meer klanten aan en dat ging zo goed dat we besloten samen een bureau op te richten."

In de beginperiode ging het Between the Walls voor de wind. Het personeelsbestand dijde al snel uit tot twaalf personen, van ontwerpers en binnenhuisarchitecten tot marketeers en projectmanagers. Maar toen kwam de eerste klap: corona. Die was echter nog niets vergeleken met de Russische invasie op 24 februari 2022. "Tot die tijd hadden we vooral projecten in Kiev", vertelt Anisimov. "Maar die markt is nu morsdood."

In de eerste weken van de oorlog ontfermde Karieva zich over in de steek gelaten huisdieren in de stad. Anisimov meldde zich bij de voedseldistributie. "Via dat werk kwam ik in contact met soldaten die me vertelden dat er een groot gebrek was aan kogelwerende vesten. Toen de voedseldistributie eenmaal goed geregeld was door NGO's besloot ik me daar mee bezig te houden."

Van kogelwerende pantsers wist Anisimov net zo weinig als van binnenhuisarchitectuur toen hij Between the Walls begon, maar dat weerhield hem niet. "Ik spendeerde lange dagen aan het bestuderen van verschillende vesten. Met bevriende militairen deden we tests en zij gaven feedback. Bij de tiende versie hadden we een product dat klopte. Het vinden van een fabrikant was vervolgens nog lastig. We zijn vooral aangewezen op Turkse producenten maar de kwaliteit die zij leveren is niet altijd even goed. Om de drager te beschermen tegen snelle kogels moet er bovendien een stalen plaat in zo'n vest worden verwerkt en de prijs daarvan is sinds het uitbreken

'We have evidence that we've saved at least two lives', says Andrii Anisimov. 'Soldiers sent us pictures of their bulletproof vests after they were shot at.'

A couple of years ago, Anisimov certainly could not have predicted he would now be an active participant in Ukraine's defence industry. Nor that he would become the co-founder and co-owner of design studio Between the Walls. 'I didn't know what interior architecture meant', he says jokingly during a Zoom interview. 'I was working as an advisor in the financial sector when my family decided to invest in real estate. That's when I met designer Victoria Karieva. I brought her new clients, and that went so well that we decided to set up an agency together.'

In the early days at Between the Walls, business was good. Their team quickly grew to twelve people, including designers, interior architects, marketers and project managers. But then came the first major blow: COVID-19. That, however, was nothing compared to the Russian invasion on 24 February 2022. 'Until that point, the majority of our projects were in Kyiv', Anisimov explains. 'But that market is now completely dead.'

In the initial weeks of the war, Karieva took care of the city's abandoned pets. Anisimov signed up to help distribute food. 'While doing that work, I came into contact with soldiers who told me about the serious shortage of bulletproof vests. Once food distribution was properly arranged by NGOs, I decided to focus on that.'

Anisimov knew just as little about bulletproof armour as he did interior architecture when he started Between the Walls, but that didn't deter him. 'I spent long days studying different vests. We did tests with friends 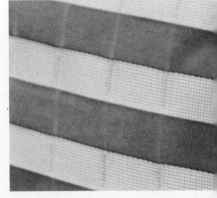 in the military and they gave us feedback. By the tenth version of the product, we got it right. But finding a manufacturer proved difficult. We mainly rely on Turkish manufacturers, but the quality they deliver isn't consistent. In addition, to

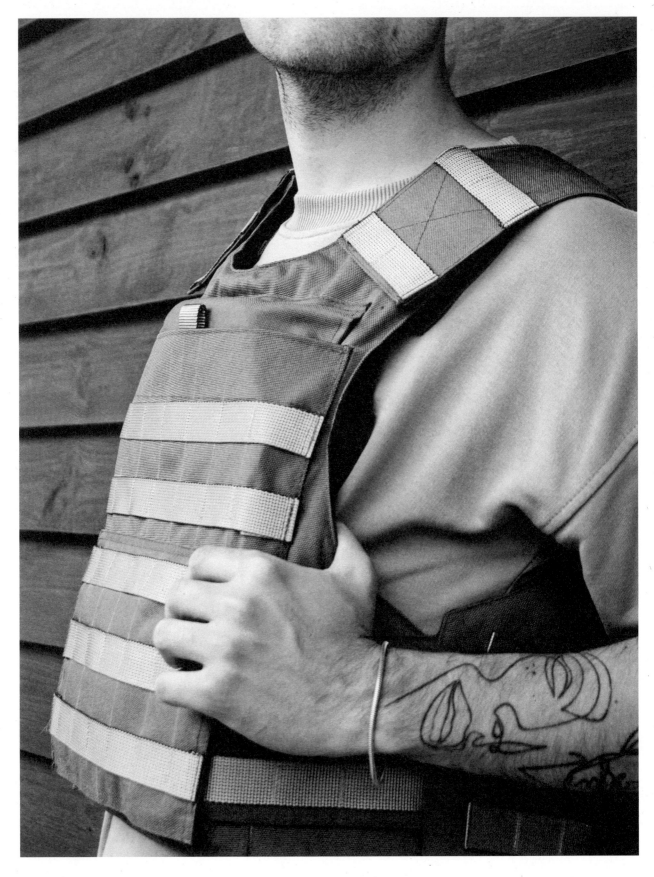

Between the Walls

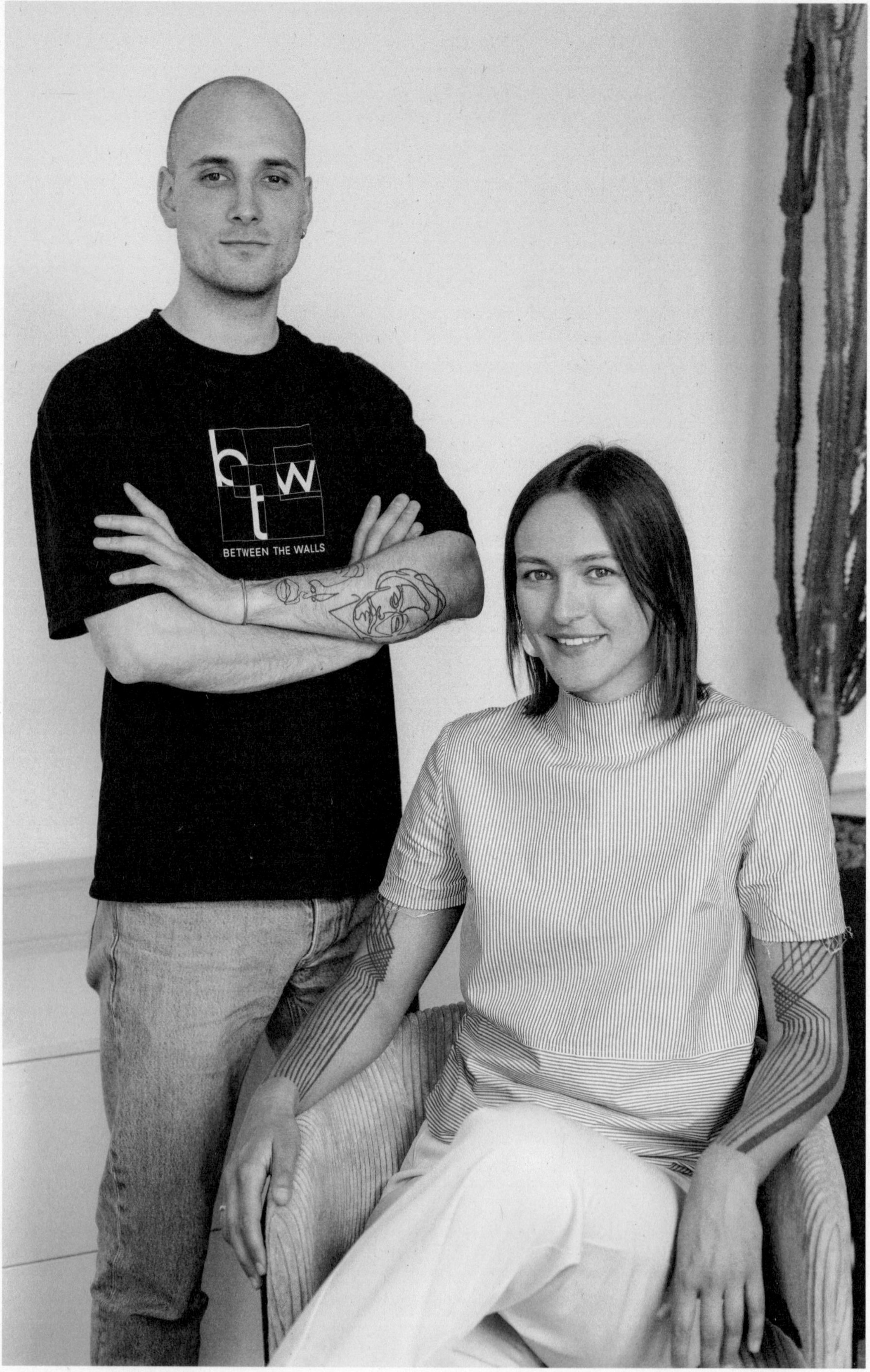

Andrii Anisimov
and Victoria Karieva
(Between the Walls)

van de oorlog wel zeven keer zo hoog geworden. In de periode april-mei hebben we in totaal zo'n 1300 vesten geproduceerd."

Net als veel andere ontwerpbureaus hadden Anisimov en Karieva hun bedrijf kunnen opdoeken of tijdelijk in de pauzestand zetten. De meeste designers in Oekraïne zijn sinds februari het land ontvlucht of overgestapt naar de IT. Between the Walls besloot echter door te gaan. "Het personeel is de kern van ons bedrijf", is Anisimovs sterke overtuiging. "Victoria en ik hebben onszelf een tijdlang niet uitbetaald maar het salaris van de medewerkers gewoon doorbetaald uit de beperkte reserves die we hadden opgebouwd."

Een paar maanden was dat nog vol te houden maar toen de oorlog langer duurde, was actie geboden. "De Russische invasie dwong ons internationaal te gaan", concludeert Anisimov, die zich sinds mei weer fulltime met het bedrijf bezighoudt. Zijn partner heeft naast haar ontwerppraktijk een carrière als gamer en was halverwege 2022 naar Parijs gegaan. Daar fungeerde ze als vooruitgeschoven post van de studio en legde ze contacten met Belgische en Franse ontwerpbureaus. Voor sommige doet Between the Walls losse projecten, met andere zijn langdurige relaties aangegaan. Het Oekraïense bedrijf is inmiddels lid geworden van de BNO om ook hier een netwerk te bouwen en in de hoop klussen uit Nederland binnen te halen. Een actieve pr-strategie – het bureau verscheen afgelopen jaar in minstens een dozijn publicaties – zorgt voor extra zichtbaarheid.

"Wij leveren hoge kwaliteit voor een prijs die naar westerse maatstaven laag is", licht Anisimov het succes toe. "Het nadeel is dat we niet onze eigen naam mogen verbinden aan de projecten die we doen. Daar staat tegenover dat we kunnen werken met Europese klanten die qua smaak dichter bij de onze liggen. Oekraïners met geld voor interieurarchitectuur willen vooral hun rijkdom etaleren en doen dat met veel goud en klassiek ontwerp. Wij houden van minimalisme en werken graag met mooie merken."

Dat de waardering voor 'Europees design' en 'sober chique' ook in het Oosten groeit, weet Paul Linse uit ervaring. Al ruim tien jaar werkt zijn Studio Linse (bekend van onder andere het Rijksmuseum, Royal Opera House London en Hotel The Dylan) aan grote projecten in Rusland, vooral de inrichting van

protect the wearer from fast-moving bullets, the vests need to have steel plates in them which now cost seven times more than they did at the start of the war. In April and May, we produced a total of about 1300 vests.'

Like many other design firms, Anisimov and Karieva could have shut down their business or put things on hold. Since February, most designers in Ukraine have fled the country or shifted to IT. However, Between the Walls decided to keep going. 'Our staff is the core of our business', Anisimov says with conviction. 'Victoria and I stopped paying ourselves for a while, but continued paying the salaries of our employees from the limited reserves we had built up.'

They sustained that for a few months, but as the war dragged on, they needed to take action. 'The Russian invasion forced us to go abroad', concludes Anisimov, who has been focusing on the company full-time again since May. Alongside her design practice, his partner also is a professional gamer, and went to Paris in mid-2022. From there she acted as the studio's ambassador, making contact with Belgian and French design firms. For some, Between the Walls is doing standalone projects; with others, they've started long-term relationships. In the meantime, the Ukrainian company has become a member of the BNO to build up their network here as well, and hopefully bring in new projects from the Netherlands. A proactive PR strategy – the agency has appeared in at least a dozen publications in the past year – is providing additional visibility.

Anisimov explains their success by saying, 'We deliver high quality for a relatively low price by western standards. The downside is that we can't associate our own name with the projects we do. But at the same time, we get to work with European clients whose taste is much closer to our own. Ukrainians with money to spend on interior architecture usually want to put their wealth on display, and do so with lots of gold and classic designs. We prefer minimalism and like to work with nice brands.'

Paul Linse knows from experience that appreciation for 'European design' and 'sober chic' is also

Between the Walls

shopping malls. "Maar daar is nu in één klap een einde aan gekomen", vertelt hij. "Het laatste project dat we deden was een winkelcentrum in Perm. Toen de oorlog uitbrak was dat bijna af en hebben we uit voorzorg de facturering vroeger afgerond. Alles werd keurig betaald maar twee weken later hoorden we per mail dat 'due to the current events' de rest van de werkzaamheden zouden worden uitgesteld tot 2023. Dat was het laatste contact."

Linse kreeg er een Oekraïense klant voor terug, eentje die de wellness gaat uitbaten in een luxueus Amsterdams appartementencomplex. Maar het wegvallen van Russische opdrachtgevers is daarmee verre van gecompenseerd. "Er is geen paniek, wij hebben altijd een diversiteit aan opdrachtgevers uit de hospitality-sector en overheden. Maar eerlijkheid gebiedt te zeggen dat er nu wel crisis is op allerlei levels. Ik ben voorzichtiger geworden dan tien jaar geleden. We hebben nog niemand ontslagen maar we doen de verlichting en verwarming op de tweede verdieping nu alleen nog aan als er klanten komen."

Zelfs ontwerpbureaus die alleen indirect te maken hebben met Oost-Europa voelen de impact van de toegenomen censuur en repressie in Rusland. Het Utrechtse ontwerpbureau Kummer & Herrman, vooral actief in de culturele sector met veelal maatschappelijk geëngageerde projecten, was qua ontwerp verantwoordelijk voor The Sochi Project van fotograaf Rob Hornstra en journalist Arnold van Bruggen, over de regio waar in 2014 de Winterspelen zijn gehouden. "Een jaar eerder vond het Nederland-Ruslandjaar plaats en zouden wij in Moskou het project in de vorm van een tentoonstelling presenteren", vertelt Arthur Herrman. "Eerst was er veel enthousiasme, daarna werden de visa van de fotograaf en journalist ingetrokken, ging de communicatie steeds moeizamer en van de ene op de andere dag was de museumdirecteur van het podium verdwenen en was het einde project. Begin dit jaar was er sprake van een nieuwe kans om het project te tonen in Krasnodar, maar na de uitbraak van de oorlog werd de organiserende partij aangeduid als foreign agent en was ook die kans verkeken."

Vier maanden voor de invasie kwam Inner Disorder uit, met beelden

increasing in the Eastern Bloc. For over 10 years his Studio Linse (known for the Rijksmuseum, The Dylan hotel and the Royal Opera House in London, among others) has worked on major projects in Russia, especially designing shopping malls. 'But in one fell swoop, that's come to an end', he says. 'The last project we did was a shopping centre in Perm. When the war broke out it was nearly done, but as a precaution, we invoiced earlier than usual. Everything was paid up on time, but two weeks later, we were informed by email that "due to the current events" the remaining work would be postponed until 2023. We haven't heard from them since.'

In exchange, Linse ended up with a new Ukrainian client who is in charge of wellness at a luxurious apartment complex in Amsterdam. But it doesn't come close to compensating for the Russian clients they lost. 'We're not panicking – we always have a wide range of customers from the hospitality sector and governments. But in all honesty, I have to say that there's a crisis at every level. I've become much more cautious than 10 years ago. We haven't fired anyone yet, but we only turn on the lights and heating on the second floor when clients come by.'

Even design studios that are only indirectly involved with Eastern Europe are feeling the impact of Russia's increasing censorship and repression. Kummer & Herrman, an Utrecht-based design firm that primarily focuses on socially engaged projects in the cultural sector, was responsible for the design of The Sochi Project by photographer Rob Hornstra and journalist Arnold van Bruggen about the region where the Winter Olympics were held in 2014.

Inner Disorder (2020)
Author: Jérôme Sessini
Publisher: Editorial RM
Design: Kummer & Herrman

Between the Walls

'When the war ends, many buildings will require restoration. We want to approach this sustainably and need more knowledge in this area.'

Aftermath of the Russian missile attack in Kyiv during Defenders Day (October 14, 2022)
Photography: Anadolu Agency (ANP)

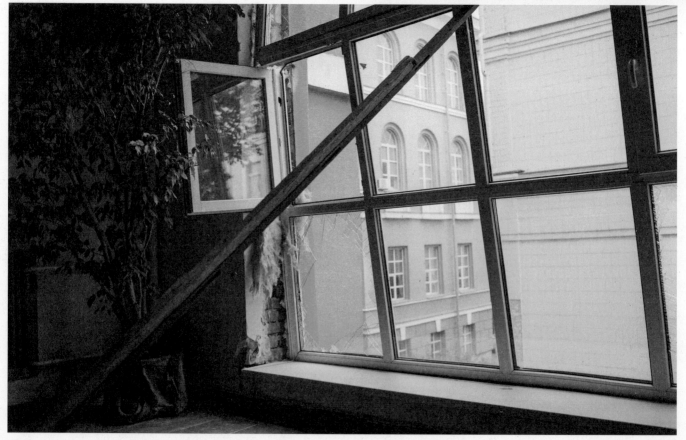

die Magnum-fotograaf Jérôme Sèssini sinds de Maidan Revolutie en de daaropvolgende annexatie van de Krim in 2014 had genomen in Oekraïne. "De rol van Rusland als agressor had meer uitgesproken aan bod moeten komen", vindt Herrman nu. "Het is vooral Sèssini die daar kritiek op krijgt, maar als ontwerpers hadden wij ook kritischer mogen zijn. Eerlijk gezegd hadden wij, net als velen in het westen, niet verwacht dat Poetin over zou gaan tot oorlog."

Ook Anisimov kon dat niet geloven. "Iedereen die het wilde horen vertelde ik dat het zo'n vaart niet zou lopen." Nu rest hem weinig anders dan zo goed mogelijk zijn land, landgenoten en leger te ondersteunen. Maar over de toekomst is hij optimistisch. "Wij gaan winnen, dat staat buiten kijf. En daarna breekt een geweldige tijd aan voor ontwerpers. Velen hebben in het buitenland vreemde talen leren spreken en contacten opgedaan. Wijzelf hebben door ons internationale werk veel ervaring opgedaan. Zo waren we bijvoorbeeld helemaal niet bezig met ecologische duurzaamheid maar inmiddels wel."

"Het is nu al makkelijker om een zaak te beginnen in Polen. Het gebruik van cryptovaluta – Oekraïne is het derde land ter wereld wat gebruik betreft – versoepelt betalingen. Na de oorlog zal er veel geld richting Oekraïne stromen: van terugkerende Oekraïners maar ook van bondgenoten. De oorlog heeft ons zichtbaar gemaakt. Kiev is veel dichterbij dan de meeste mensen in Europa dachten." ●

'The year before was "Netherlands-Russia Year" and we were supposed to present the project in Moscow in the form of an exhibition', says Arthur Herrman. 'At first there was a lot of enthusiasm, but then the photographer's and journalist's visas were revoked, communication became increasingly difficult, and suddenly the museum director disappeared from sight. That was the end of the project. Early this year there was talk of a new opportunity to show the project in Krasnodar, but after the war broke out, the organiser was designated as a foreign agent. So that opportunity was also a no go.'

Inner Disorder was published four months prior to the invasion, featuring images Magnum photographer Jérôme Sèssini had taken in Ukraine since the Maidan Revolution and the subsequent annexation of Crimea in 2014. 'Russia's role as the aggressor should have been more openly discussed', Herrman now believes. 'Sèssini is getting the majority of the criticism, but as designers, we should have been more critical as well. In truth, like many in the west, we didn't expect Putin would actually go to war.'

Anisimov couldn't believe it either. 'I told anyone who was willing to listen that it wouldn't happen so quickly.' Now he has no other choice but to support his country, fellow citizens and army as best he can. But he's optimistic about the future. 'We're going to win. There's no doubt about it. And after that, it will be an amazing time for designers. Many have learned to speak foreign languages and expanded their networks abroad. Personally, we have gained a lot of experience from our international work. For example, in the past, we weren't concerned with environmental sustainability, and now we are.'

'It's already much easier to start a business in Poland. The use of cryptocurrencies – Ukraine is third worldwide in that respect – makes payments easier. After the war, a lot of money will flow back into Ukraine: from returning Ukrainians as well as our allies. The war has made us visible. Kyiv is much closer than most people in Europe realised.' ●

WELCOME BETWEEN THE WALLS
In an online interview, Andrii Anisimov and Victoria Karieva show their work and explain their motivations to join the Association of Dutch Designers (BNO) in their search for work and knowledge to rebuild Ukraine after the war. bno.nl/welcome

Dystopische visualisaties en stilistische imitaties vliegen ons in de media om de oren. Alles makkelijk gemaakt met Midjourney, DALL-E, Stable Diffusion of andere kunstmatig intelligente software. Vormen deze AI-tools een bedreiging voor de professionele ontwerper, of voeden ze de verbeelding en blijft de menselijke hand onmisbaar bij het echte werk? We vroegen zeven designers om in hun eigen stijl een visual te genereren die de chaos verbeeldt. Wat zou jij invoeren? Sta je nog met je mond vol tanden, of heb jij je al vastgebeten in het experiment?

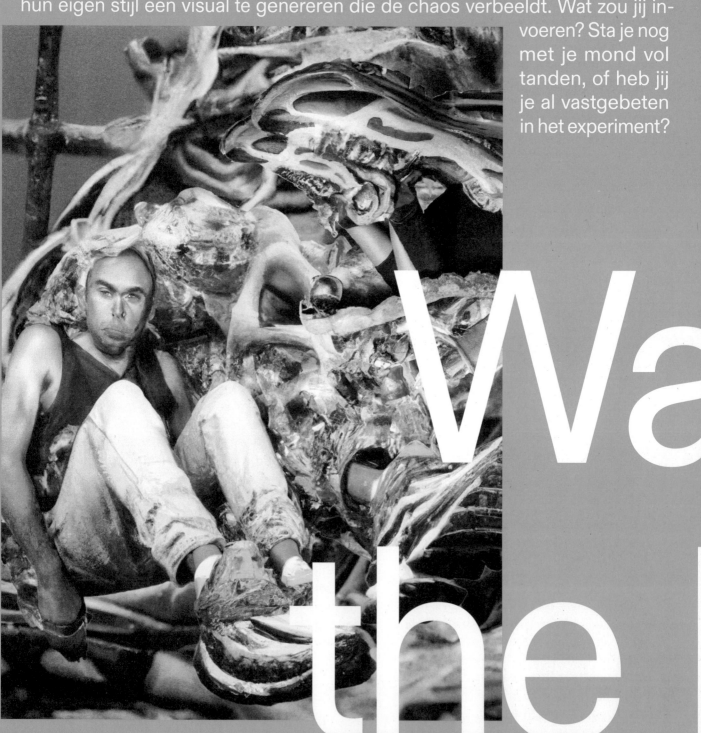

Wa
the

We're currently being bombarded by dystopian visualisations and stylistic imitations in the media. And they're easy to make with Midjourney, DALL-E, Stable Diffusion and other kinds of artificially intelligent software. Do these AI tools pose a threat to professional designers, or do they feed the imagination and show that the human hand is an indispensable part of the real work? We asked seven designers to generate a visual, in their own unique style, that represents chaos. What would you submit? Does it leave you tongue-tied, or have you already sunk your teeth into this experiment?

Words: <u>Freek Kroesbergen</u>

ting for Prompt

messy,
disorganized
collection
of moulded
objects and
safety glass
in drawers
piled on top of each other
in space --test --ar 4:5

Visual Essay

30

aluminum engine cylinder, crystal stone, clay mug, home is where the heart is, chair, cube shaped comet, door, octane render, child's drawing, plastic water gun, asphalt soccer field

Waiting for the Prompt

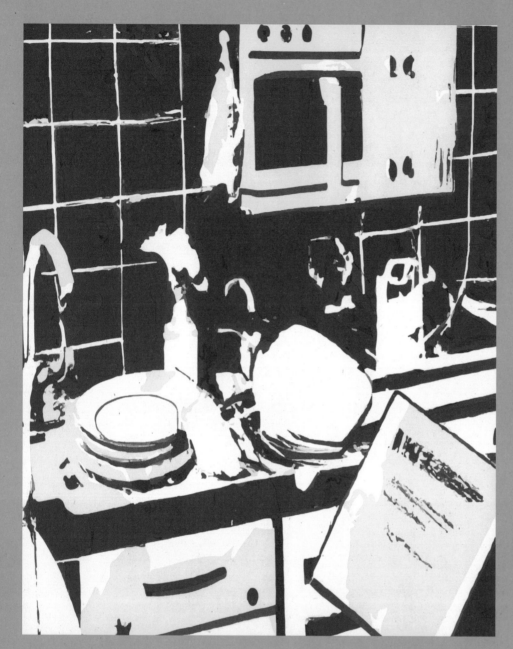

still life, kitchen, dirty dishes, pile of cups, pan, cutlery, sink, white tiles, illustration, silkscreen in magenta, close up, right angle, diagonal perspective

Bastiaan de Nennie, phygital art character in a colourful space, 3D printing, 3D scanning, messy, chaotic but clean

Robert Cornelius, 1839,
first self-portrait, wild hair,
sharp eyebrows,
photorealistic
black jacket,
white tie,
looks
serious, old
style, tintype

Visual Essay 34

oorlog,
energiecrisis,
inflatie,
stikstofcrisis,
afnemend
vertrouwen
in politiek en
journalistiek, klimaatcrisis,
vluchtelingencrisis,
coronavirus, chaotische
tijd, creatieve sector,
antwoorden op dilemma's,
rol bij transities --ar 16:9

Waiting for the Prompt

35

shoe
that
looks like a bag made
with milk

Page 28 & 36

COMMON OBJECTS
Design: Xi Ruolan (Una)
Website: una-x.com

Page 30

CHAOTIC COLLECTION
Design: Elvin van Dalen
Website: elvin.nl

De Haagse visuele ontwerper Una combineert typografie, visual storytelling en digitale media tot werk dat haar publiek een verleidelijke maar speculatieve ervaring biedt. Haar brede achtergrond als schilder, grafisch ontwerper en animator komt tot uitdrukking in haar experimentele, multidisciplinaire aanpak. Una over haar visuals: "In mijn beelden onderzoek ik hoe het combineren van schoenen met irrelevante objecten als melk, afval of sponzen kan leiden tot een bizarre en expressieve wereld die nog nooit eerder is gezien. Die nieuwe lens van AI kan de verbeelding van makers losmaken, voorbij de bestaande tools."

Based in The Hague, visual designer Una combines typography, visual storytelling and digital media into work that provides her audience with an engaging but speculative experience. Her broad background as a painter, graphic designer and animator is evident in her experimental, multidisciplinary approach. Una says about her visuals: 'With my images, I explored how combining shoes with irrelevant objects like milk, trash or sponges could lead to a bizarre, expressive world that has never been seen before. Looking through the new lens of AI can unleash the makers' imagination, moving beyond existing tools.'

Elvin van Dalen werkt als motion designer bij Studio Dumbar/DEPT® en experimenteert daarnaast veel met het maken van beeld aan de hand van diverse technieken. Elvin over zijn visual: "Het genereren van afbeeldingen met Midjourney is ontzettend fascinerend, maar het is ook een vreemde en soms frustrerende manier om beelden te maken. Deze AI-tools zijn zeer goed in het maken van onverwachte beelden waar je zelf niet zomaar op was gekomen, maar het is echt een kunst om de software precies te laten doen wat je wilt. Mijn eigen werk kan heel uiteenlopend zijn, maar wordt vaak gekenmerkt door het gebruik van typografie en grafische vormen. Dit zijn precies de elementen waar deze tools nog niet erg goed in zijn. Wel zijn ze sterk in het creëren van eindeloos veel details. In mijn beeld heb ik geprobeerd om dit zover mogelijk te pushen, waardoor er talloze kleine werelden ontstonden. Wat me vooral aanspreekt is het contrast tussen de organisatie van het beeld als geheel, en de complete chaos in alle losse ruimtes."

Elvin van Dalen works as a motion designer at Studio Dumbar/DEPT® and also frequently experiments with creating images using a variety of techniques. Elvin says about his visual: 'Generating images with Midjourney is really fun, but it's also a strange and sometimes frustrating way to create imagery. These AI tools are very good at creating unexpected images that you might not come up with by yourself, but getting the software to do exactly what you want is truly an art. My own work can be extremely diverse, yet it's often characterised by the use of typography and graphic shapes. And these are precisely the elements that AI tools aren't very good at yet. They do, however, excel at creating endless detail. In my visual, I tried to push that as far as possible, which led to the creation of countless small worlds. What I find particularly appealing is the contrast between the organisation of the image as a whole, and the complete chaos that arises in the individual spaces.'

Waiting for the Prompt

AIAIAI
Design: Elvis Wesley
Website: elviswesley.com

BENDE 2.0
Design: Sanne Boekel
Website: sanneboekel.com

PHYGITAL
Design: Bastiaan de Nennie
Website: phygital.studio

Elvis Wesley Studios is een creative praktijk die verschillende disciplines binnen kunst en design met elkaar combineert. De studio werkte sinds de start van Envisions mee aan het opgebouwde succes daarvan. Andere klanten zijn onder meer Camper, OMA, FRAME Magazine, Stone Island, NLXL, Franklin Till en Vlisco. Wesley over zijn visual: "Het beeld bestaat volledig uit gegenereerde objecten, die ik handmatig heb samengebracht in een nieuwe compositie. Een huiskamerachtige setting verbeeldt een toekomstige wereld waarin de mens de controle is verloren. Objecten lijken hun eigen leven te leiden en niet meer dienstbaar te willen zijn aan de mens. De naam Aiaiai is uiteraard een referentie naar artificiële intelligentie en deze ongelukkige situatie."

Elvis Wesley Studios is a creative practice that combines different disciplines within art and design. The studio has worked with Envisions from the very start, contributing to the company's success. Other clients include Camper, OMA, FRAME Magazine, Stone Island, NLXL, Franklin Till, and Vlisco. Wesley says about his visual: 'My image is completely made up of generated objects, which I combined by hand to create a new composition. A living room-like setting portrays a future world where humans have lost control. Objects appear to lead their own lives, and are no longer willing to serve people. The name 'Aiaiai' is, of course, a reference to artificial intelligence, as well as this unfortunate situation.'

Sanne Boekel is illustrator, striptekenaar, zeefdrukker en docent. Maar ze noemt zich het liefst een maker die zich op het snijvlak begeeft van illustratie en social design. In haar werk maakt ze gebruik van alledaags absurdisme om de wereld te begrijpen en zware onderwerpen bespreekbaar te maken. Met 'Bende', haar serie kleurrijke zeefdrukken van vieze afwas of ongeopende post, schetst zij situaties waarin ze haar leven even niet meer op orde heeft. Sanne over haar visual: "Ik heb geprobeerd mijn zeefdruk te reproduceren en kwam er tot mijn grote vreugde én opluchting achter dat 'vieze afwas' volgens AI nog veel erger is dan mijn eigen afwas. Verder was het doodeng!"

Sanne Boekel is an illustrator, comic artist, screen printer and teacher. But she prefers to call herself a maker who works at the intersection of illustration and social design. In her work, she uses everyday absurdism to better understand the world and make difficult subjects easier to discuss. With 'Bende', her series of screen prints of dirty dishes and unopened mail, she sketches situations in her life that that are no longer under control. Sanne says about her visual: 'I tried to reproduce my screen print, and to my great relief and delight I found out that according to AI, "dirty dishes" were far worse than my own. Beyond that, it was completely terrifying!'

Bastiaan de Nennie werkt op het snijvlak van de fysieke en digitale wereld die steeds meer met elkaar vervlochten raken. In zijn Phygital Studio onderzoekt de ontwerper vormen door fysieke objecten digitaal te veranderen en digitaal materiaal weer fysiek te manipuleren. Zijn werk roept vragen op over de relatie tussen mens en machine. Koren op zijn molen dus, deze opdracht. In de AI-wereld zit een toekomst verstopt die nog moet uitkomen, als een stuk steen waarin de beeldhouwer het beeld herkent dat er nog niet is. Wordt AI uiteindelijk zelf die kleurrijke creatieve maker? Of blijft de fysieke persoon nodig voor het beste eindresultaat?

Bastiaan de Nennie works at the intersection of the physical and digital world, which are becoming increasingly intertwined. At his Phygital Studio, the designer investigates forms by digitally transforming physical objects and physically manipulating digital materials. His work raises questions about the relationship between human and machine. So, an assignment like this is right up his alley. The AI world hides a future that is yet to come true, just like a sculptor can recognize an image in a piece of stone that's not yet there. Will AI itself eventually become the colourful creative maker? Or is a physical person still required for the best end result?

Visual Essay

FIRST SELFIE
Design: Jeroen Disch (Bravoure)
Website: disch.nl

CHAOS AI
Design: Tjep.
Website: tjep.com

Jeroen Disch heeft ruim 15 jaar ervaring in branding en digital design. Hij werkte bij Lava, Edenspiekermann en GRRR en is nu design director bij Bravoure. Elke twee weken verzendt Jeroen de nieuwsbrief Halfvet aan zijn nieuwsgierige abonnees. De highlights publiceert hij in de column Extravet op de website van de BNO. Jeroen over zijn visual: "Ik heb verschillende tools geprobeerd: Midjourney, DiffusionBee, Hugging Face, Stable Diffusion... uiteindelijk leverde DALL-E het beste resultaat. Ik heb niets geretoucheerd of nabewerkt, wel heb ik outpainting toegepast. Het beeld is geïnspireerd op de eerste selfie die ooit is gemaakt door Robert Cornelius in 1839. Ik wilde dat moment recreëren. Zoals Cornelius zocht naar de juiste combinatie van chemicaliën, materialen en belichtingstijd, zo zocht ik de juiste woorden voor m'n prompt."

Jeroen Disch has more than 15 years' experience in branding and digital design. He previously worked at Lava, Edenspiekermann and GRRR, and is currently design director at Bravoure. Twice a month, Jeroen emails his newsletter Halfvet to curious subscribers, and publishes the highlights in his Extravet column on the BNO website. Jeroen says about his visual: 'I tried out a variety of tools: Midjourney, DiffusionBee, Hugging Face, Stable Diffusion... in the end, DALL-E delivered the best result. I didn't retouch or edit anything, but I did use outpainting. The image is inspired by the first-ever selfie, captured by Robert Cornelius in 1839. I wanted to recreate that moment. Just as Cornelius looked for the right combination of chemicals, materials and exposure time, I looked for the right words for my prompt.'

Ontwerper Frank Tjepkema houdt zich met zijn studio Tjep. bezig met interieurontwerp, architectuur, productontwerp en sieraden. Daarnaast provoceert hij het publiek wereldwijd met zijn kunst en tentoonstellingsstukken, zoals de Recession Chair, Oogst en Bling Bling, waarmee hij ook al pionierde in NFT's. Franks werk is wereldwijd te vinden in galeries en musea als Tajan in Parijs, @droog in Amsterdam, Centre Pompidou in Parijs, Cooper Hewitt en het Museum of Arts and Design in New York. Hij koos ervoor om het thema van dit boek, chaos, en onze beschrijving van de polycrisis ongewijzigd in te voeren: "Mijn eerste try-out was meteen goed. Van de eerste vier voorstellen heb ik er eentje verfijnd, zonder extra prompt."

With his studio Tjep., designer Frank Tjepkema focuses on interior design, architecture, product design and jewellery. In addition, he provokes audiences worldwide with his art and exhibition pieces, including the Recession Chair, Oogst ('Harvest') and Bling Bling, which he also pioneeringly released as NFTs. Frank's work can be seen across the globe in galleries and museums such as Tajan and the Centre Pompidou in Paris, @droog in Amsterdam, and Cooper Hewitt and the Museum of Arts and Design in New York. He decided to use the theme of this book – chaos – and our unmodified description of the polycrisis as input, saying: 'It immediately worked on the first try. From my first four proposals, I refined one of them without using any extra prompts.'

Waiting for the Prompt

Onderzoek naar alternatieve, hernieuwbare energie-bronnen wordt al decennia gedaan. Maar de energietransitie krijgt nu een enorme boost door onzekerheid op de gasmarkt, chaos op het geopolitieke wereldtoneel en een eindelijk ingedaald besef van de klimaatcrisis. Ontwerpers, industrie, politiek en consumenten moeten elkaar vinden om een paradigmatische verandering daadwerkelijk te laten plaatsvinden.

The Wind at Your Back!

Words: Edo Dijksterhuis

Research into alternative, renewable energy sources started decades ago, but the energy transition is currently being given an enormous boost due to uncertainty on the gas market, chaos on the geopolitical world stage and a growing – at last – awareness of the climate crisis. Designers, the industry, politics and con-sumers need to work together in order to ensu-re that we actually see paradigmatic change.

The Solar Biennale (2022)

41

"Te lang keken we voor energie naar beneden, naar gasbellen en oliebronnen, terwijl we juist omhoog moeten kijken. De zon is een oneindige bron van energie die meer in harmonie is met de natuur." Marjan van Aubel praat met de gedrevenheid van een missionaris die weet dat er geen tijd te verliezen valt. Volgens haar kan zonne-energie ons afhelpen van de verslaving aan fossiele brandstoffen die het milieu vernietigen en het klimaat op catastrofale wijze hebben ontwricht. Als ontwerper draagt ze al jaren een steentje bij door lampen te ontwikkelen die werken op zonne-energie. In 2021 voorzag ze het Nederlandse paviljoen op de World Expo in Dubai van een Solar Roof. En onlangs publiceerde ze Solar Futures – How to Design a Post-Fossil World with the Sun.

"Een paar jaar geleden vonden mensen het interessant wat ik vertelde maar deden ze er weinig mee", vertelt Van Aubel. "Dat is nu veranderd. Met de stijgende gasprijzen door de oorlog in Oekraïne en de klimaatcrisis is er plots een gevoel van urgentie."

Solar Futures (2022)
Author: Marjan van Aubel
Publisher: Jap Sam Books
Design: SJG
Photography: The Book Photographer

Om dit opportune moment volop uit te buiten richtte Van Aubel samen met Pauline van Dongen The Solar Biennale op. "Pauline doet hetzelfde wat ik doe maar dan met textiel en kleding. We wisten echter niet van elkaar waar we mee bezig waren en dat zie je meer: er wordt nog veel gedacht en gewerkt in silo's. Dat is wat we met deze biënnale willen doorbreken. De energietransitie wordt nu nog getrokken door grote partijen en het technische verhaal overheerst. Als individuele ontwerper heb je weinig in te brengen. Wij brengen de industrie, ontwerpers, denkers en architecten bij elkaar om het proces inclusiever te maken en te laten zien hoe het ook anders kan."

De overstap naar zonne-energie is niet gebaat bij het simpelweg produceren van zoveel mogelijke zonnepanelen, stelt Van Aubel. De 'one size fits all'-strategie werkt niet, al was het maar omdat de zon zich anders gedraagt op verschillende breedtegraden van de planeet. "Maar de vraagstukken verschillen ook. In Zwitserland wordt meer gekeken naar nationale energieonafhankelijkheid terwijl in de Verenigde Staten al solar communities bestaan die helemaal van het reguliere stroomnetwerk af zijn. In arme landen waar het netwerk niet op orde is, zijn concepten als microgrids en energiedelen weer relevant."

De manier waarop de zonne-energiesector op dit moment opereert, moet volgens Van Aubel ook veranderen. "De huidige zonnetechnologie levert een enorme afvalberg op en is niet toekomstbestendig. Zo'n ongewenst bijproduct van de oplossing voor het CO_2-probleem kunnen we vermijden door beter na te

Essay

'For far too long, we looked down below for energy, to gas fields and oil deposits, while we should in fact be looking upwards. The sun is an infinite source of energy that is more in harmony with nature.' Marjan van Aubel speaks with the passion of a missionary who knows that there is no time to lose. She believes that solar energy can relieve us of our addiction to fossil fuels, which destroy the environment and have catastrophically impacted the climate. As a designer, she has been doing her bit for years, by developing solar-powered bulbs. In 2021, she designed a Solar Roof for the Netherlands pavilion at the World Expo in Dubai. And she recently published 'Solar Futures – How to Design a Post-Fossil World with the Sun'.

'A few years ago, people were interested in what I had to say, but did little with the information', explains Van Aubel. 'That has now changed. With gas prices rising due to the war in Ukraine, and the climate crisis, there is suddenly a sense of urgency.'

In order to make the most of this opportune moment, Van Aubel founded The Solar Biennale together with Pauline van Dongen. 'Pauline is in the same line of work, but with textiles and clothing. However, we didn't know what the other was working on, and we weren't the only ones: thinking and working in silos is still common. And that's what we want to bring to an end with this biennial. The energy transition is currently being headed by major parties, and the technical aspect dominates. As an individual designer, you don't have much to bring to the table. We unite the industry, designers, thinkers and architects, to make the process more inclusive and show how it can be different.'

Van Aubel proposes that simply producing as many solar panels as possible will not help the switch to solar energy. The 'one size fits all' strategy does not work, for starters because the sun does not behave the same at different degrees of latitude. 'But the matters at hand are also different. In Switzerland, there is a greater focus on national energy independence, while in the United States, there are already solar communities that are completely disconnected from the regular electricity grid. But in poor countries where the grid is not up to scratch, concepts such as microgrids and energy sharing are more relevant.'

Van Aubel thinks that how the solar energy sector currently operates also needs to change. 'Today's solar technology creates a massive mountain of waste and is not future-proof. It's an undesirable by-product of solving the CO_2 problem, which we can avoid by more carefully considering the materials that we use. But primarily: to stop seeing solar energy as simply installing panels, and making solar part of every design. We want to be in a position where we are considering where materials come from and what happens afterwards, in order to come up with energy autonomous designs.'

OCKELS' LEGACY

A more holistic approach such as this would eventually make solar parks, that sprawl across hectares of expensive farmland, a thing of the past. In energy parks at sea, panels could be effectively combined with wind energy:

The Solar Pavilion (2022)
Design: V8 Architects and
Marjan van Aubel Studio

The Wind at Your Back! 43

denken over de materialen die we gebruiken. Maar vooral: door zonne-energie niet meer te zien als het plakken van panelen en solar onderdeel te laten zijn van ieder ontwerp. Het streven is na te denken over de herkomst van materialen en wat er daarna mee gebeurt, om zo energie-autonome ontwerpen te produceren."

OCKELS' ERFENIS

Die meer holistische aanpak zou zonneweides, die kostbare hectares land-bouwgrond vullen, op den duur overbodig maken. In energieparken op zee zouden panelen goed gecombineerd kunnen worden met windenergie. Ook op dat vlak worden nieuwe technologieën ontwikkeld die verder gaan dan de traditionele windturbines. Een in het oog springend initiatief is Kitepower.

Deze Delftse startup komt voort uit de researchgroep van voormalig astronaut Wubbo Ockels, die vanaf 2004 systematisch onderzoek doet naar de potentie van vliegers bij het opwekken van energie. Zes jaar geleden werd Kitepower bedrijfsmatig gelanceerd. De technologie draait om thermische energie die gevangen wordt door een grote vlieger die eruitziet als een para-chute. Gestuurd door een algoritme slingert hij zich een weg naar boven en stuurt de opgevangen energie via een kabel naar een container met batterij op de grond. Een klein deel daarvan wordt gebruikt om de vlieger weer naar beneden te trekken voor een volgende cyclus.

"Deze vorm van windenergie is efficiënter dan traditionele windmolens", vertelt Johannes Peschel, die samen met Roland Schmehl Kitepower oprichtte. "Het heeft een enorme energiedichtheid. Met één container kunnen we evenveel energie opwekken als twee- tot drieduizend vierkante meter zonnepanelen – genoeg voor 150 huishoudens. Het voordeel boven zonne-energie is bovendien dat het systeem dag en nacht werkt. De vlieger bevindt zich op grote hoogte, waar de lucht altijd in beweging is."

Test set-up in Aruba
Photography: Kitepower

Dat maakt de vlieger een stuk minder in your face dan de honderd meter hoge windturbines die op het platteland zorgen voor horizonvervuiling en kunnen rekenen op protesten van omwonenden. Ook niet onbelangrijk: deze techno-logie gebruikt 90% minder materiaal dan de traditionele molens. Bovendien is de container makkelijk te verplaatsen naar een andere locatie. Zodra ergens anders acuut behoefte is aan energie, wordt de vlieger naar beneden gehaald en opgevouwen, samen met de container op een vrachtwagen geladen en weggereden.

"Onze eerste testopstelling genereerde 100 kW", vertelt Peschel. "Maar we hebben inmiddels zoveel tests gedaan dat opschalen mogelijk is. Binnen vier, vijf jaar zouden we Kitepower commercieel kunnen uitrollen. Vergunningen om delen van het luchtruim te gebruiken zijn nog een obstakel, maar vanaf volgend jaar werken we met een groot energiebedrijf en hebben we een vaste testlocatie. Dan kan het heel snel gaan. Rond 2030 kan onze technologie al een aardig aan-deel leveren aan de energiemix en in 2050 zou dat zelfs substantieel kunnen zijn."

WARMTEWISSELAAR

Een ander deel van die energiemix zou afkomstig kunnen zijn uit water. Om precies te zijn: de thermische energie die via kademuren, dijkversterkingen en bouwkuipen aan oppervlaktewater kan worden onttrokken. Ook deze innovatie

Essay

a field in which new technologies are being developed that outperform traditional wind turbines. One standout initiative is Kitepower.

This Delft-based start-up has its roots in the late astronaut Wubbo Ockels' research group, which started conducting systematic research into the potential of kites for generating energy back in 2004. Kitepower was launched professionally six years ago. The technology is all about thermal energy, which is captured by a large kite resembling a parachute. Controlled by an algorithm, the kite weaves its way upwards and sends the captured energy through a cable to a battery in a container on the ground. A small amount of the generated energy is used to pull the kite back to earth for the next 'flight'.

'This type of wind energy is more efficient than traditional wind turbines', explains Johannes Peschel, who founded Kitepower together with Roland Schmehl. 'It has enormous energy density. With just one container, we can generate as much energy as two to three thousand square metres of solar panels – that's enough for 150 households. Another advantage compared to solar energy is that the system works day and night. The kite is very high in the sky, where the air is always moving.'

That means that the kite is significantly less in-your-face than the wind turbines that tower above the countryside, impacting the skyline and drawing protest from local residents. Another salient detail: this technology uses 90% less material than traditional turbines. And add to that that the container is easy to move to another location. When energy is urgently required elsewhere, the kite is retrieved and folded up, loaded onto a truck together with the container, and driven away.

'Our first test set-up generated 100 kW', says Peschel. 'But we have now done so many tests that we can scale up. We will be in the position to commercially launch Kitepower within four or five years. Permits to use parts of the airspace are still an issue, but starting next year, we will be working with a major energy company and we'll have a fixed test location. And then things can really pick up pace. By about 2030, our technology will already be able to provide a decent chunk of the energy mix, and by 2050, our contribution could even be substantial.'

The Wind at Your Back!

heeft veel te danken aan een ontwerper die jarenlang stug is blijven bonzen op deuren en nooit moe werd van het leuren met zijn idee. De Duitser Torsten Semmling patenteerde het idee en praatte jarenlang in op Richard Janssen en zijn collega's van Gooimeer, een bedrijf in Almere dat handelt in stalen damwanden.

"Wij hadden eerst onze bedenkingen over huizen verwarmen met behulp van stalen damwanden", bekent Janssen. "Maar toen we Semmling ruim drie jaar geleden een hoekje gunden in onze beursstand van de Infratech, liep het tot onze verbazing storm met geïnteresseerden. Sindsdien zijn wij enthousiaste promotors."

Het principe van energiedamwanden is even simpel als effectief. Door op de stalen damwanden een slangenstelsel te bevestigen waar een soort antivriesvloeistof doorheen loopt, werkt de constructie als een reusachtige warmtewisselaar. "Een uitvergrote koelkast maar dan andersom", typeert Janssen het. "Het staal geleidt de warmte uit het water, die wordt afgegeven aan de vloeistof, gecomprimeerd en getransporteerd naar een gebouw waar het tapwater verwarmt of zorgt voor vloerverwarming. Met ingenieursbureau Crux hebben we eerst een testopstelling gedaan bij het dorpje De Zweth, samen met de TU Delft, TU Eindhoven en Groep Duurzaam Opgewekt. Daarna volgden Leeuwarden en Enkhuizen, en een groot woningbouwproject in Potsdam."

Visualisation
Image: Energiedamwand
Nederland

Vooral in Nederland, het land met de grootste damwanddichtheid ter wereld, heeft dit systeem veel potentie. "Van de bebouwde omgeving kan 40% op deze manier worden verwarmd", rekent Janssen voor. "In het geval van nieuwbouwprojecten kunnen de damwanden voor een relatief kleine meerprijs worden opgewaardeerd. Maar ook bestaande damwanden kunnen worden omgebouwd tot energie-opwekker door panelen in de damwandkast te hangen."

Het gaat wel om heel erg veel staal, maar die is volgens Janssen 100% recyclebaar. Binnen drie jaar heeft de alternatieve energiebron bovendien de CO_2 gecompenseerd die wordt uitgestoten bij het produceren van de damwanden.

Gooimeer voert inmiddels gesprekken om te gaan samenwerken met partijen als Groene Grachten Amsterdam, wat gezien de tweehonderd kilometer damwand in de hoofdstad een significante stap richting schaalvergroting zou betekenen. Maar interessanter dan de groei die zo'n kapitaalinjectie mogelijk maakt, is de verandering in mentaliteit en zienswijze die binnen het bedrijf plaatsvindt. "Vroeger dachten we in termen van sterkte, tegenwoordig denken we in watts", vat Janssen samen. "Stel dat wij onze damwanden in de toekomst niet meer verkopen maar gewoon in bezit houden en de energie verkopen die we ermee opwekken. Dan worden we een andersoortig bedrijf, een energieleverancier in plaats van een constructiebedrijf."

Pilot location at De Zweth
Photography:
Energiedamwand
Nederland

NEGATIEF FRAME

Zo'n transformatie vergt wel toestemming van de overheid, net zoals de aanleg van energiedamwanden nu vaak nog stuit op de eigendomsrechten van Rijkswaterstaat, gemeenten en particulieren. Maar vanuit de overheid wordt hard gewerkt om dit soort obstakels te verwijderen. Ook vanuit het besef dat men eigenlijk veel te laat is begonnen na te denken over de energietransitie,

Essay

HEAT EXCHANGER

Another part of the energy mix could come from water. To be precise: the thermal energy that can be retrieved from surface water via embankments, dike reinforcements and excavations for construction. This innovation also owes a lot to a designer who spent years stubbornly banging on doors and never grew tired of peddling his brainwave. It was German designer Torsten Semmling who patented the idea and devoted years to bending the ears of Richard Janssen and his colleagues at Gooimeer, a steel sheet piling company in Almere.

'We initially had our doubts about using steel sheet piling to heat houses', admits Janssen. 'But some three years ago, we gave Semmling a corner of our stand at the Infratech fair, and we were surprised by how many people were interested. We've been enthusiastic promotors ever since.'

The principle of the energy sheet piling is simple and effective in equal measure. Something similar to antifreeze runs through pipes that snake over the sheet piling, creating a giant heat exchanger. 'It's like a massive fridge, but in reverse', explains Janssen. 'The steel collects the warmth from the water, which is transmitted to the liquid in the pipes, compressed and transported to a building, where it heats tap water or is used in underfloor heating. We first worked with Crux – an engineering consultancy firm – on a test set-up in a village called De Zweth, together with TU Delft, TU Eindhoven and Groep Duurzaam Opgewekt ('sustainably generated group'). Leeuwarden and Enkhuizen followed, and a large housing project in Potsdam.'

This system has particularly high potential in the Netherlands, the country with the densest application of sheet piling in the world. Janssen runs the numbers: 'Forty percent of the built environment could be heated in this way. When it comes to new construction projects, upgrading the sheet piling comes at relatively little additional expense. But by installing panels in existing sheet piling, they can also be converted into energy generators.'

We are talking about an awful lot of steel, but Janssen argues that this is 100% recyclable. And what's more: within three years, the alternative energy source will have set off the CO_2 emitted during production of the sheet piling.

Gooimeer is currently exploring potential collaboration with parties such as Groene Grachten ('green canals') Amsterdam, which – considering the 200 kilometres of sheet piling in the Dutch capital – would represent a significant step towards an increase in scale. But more interesting than the growth that a capital injection such as this facilitates is the change in mentality and perspective within the company. 'We used to think in terms of strength, now we think in watts', summarises Janssen. 'Imagine that we no longer sell our sheet piling in the future, but just hold on to it and sell the energy that is generated. We'd become a different type of company, an energy provider instead of a construction company.'

Application at Compagniehaven in Enkhuizen
Photography: Energiedamwand Nederland

The Wind at Your Back!

wordt via het topsectorenbeleid volop ingezet op alternatieve technologieën en wordt de druk extra opgevoerd door steeds scherper gestelde doelstellingen.

"Het straalt misschien niet altijd uit naar de sector, maar op beleidsniveau wordt veel samengewerkt tussen de topsectoren Energie en Creatieve Industrie", zegt Freek van 't Ooster, die zelf projectleider is van Uptempo!, een programma dat met multidisciplinaire teams problemen aanpakt zoals de energietransitie op wijkniveau. "Ik gun ieder programma een design thinker of ontwerper in het team. Te vaak nog worden ontwerpers gezien als kostenpost en daardoor blijven kansen onbenut. De energiesector denkt traditioneel in termen van grote investeringen en lange termijnen. Creatieve denkers staan daarentegen voor kort cyclisch innoveren, met snel feedback ophalen en dingen uitproberen. De wens leeft nu bij de energiesector om ook meer agile te werken, maar leveringsverplichtingen en andere lange termijnverplichtingen kunnen verlammend werken."

Ook bij overheden moet volgens Van 't Ooster het roer om. "Het wiel wordt nog vaak opnieuw uitgevonden vanuit een 'not invented here'-sentiment. En bij het verlenen van vergunningen wordt vaak dubbel werk gedaan omdat bij iedere innovatie alles opnieuw moet worden getoetst. Er zou beter gewerkt kunnen worden met sjablonen waardoor processen kunnen worden verkort. Dat is hard nodig!"

Maar de belangrijkste verandering die volgens Van 't Ooster moet plaatsvinden is een mentale. "De discussie is lange tijd helemaal in het financiële getrokken. De energietransitie werd daarbij negatief geframed, in termen van kosten, investeringen en een opgave. Terwijl we op weg zijn naar een betere leefomgeving, een mooi en positief streven."

Solar designer Van Aubel zou de overheid graag een nog actiever rol zien nemen. "Door bijvoorbeeld een 'zonnebank' op te zetten waar je een hypotheek voor zonnepanelen kunt afsluiten." Maar ook voor industrie en consumenten is er werk aan de winkel, vindt zij. "De industrie kan meer ruimte bieden voor experiment. Consumenten kunnen zich beter laten voorlichten en zelf investeren in collectieve zonne-energievoorzieningen. Wij proberen daarbij te helpen door tijdens The Solar Biennale met energiecoaches de wijk in te trekken en via een reizende tentoonstelling de mogelijkheden te tonen."

Ook Peschel van Kitepower draagt zijn verhaal actief uit. "Samen met Green Power Solutions geven we demonstraties op festivals en bouwlocaties en beantwoorden we vragen. Mensen willen weten hoe veilig de technologie is, of hun koeien niet schrikken van zo'n vlieger en minder melk gaan geven. Maar als ze Kitepower eenmaal met eigen ogen hebben gezien, zijn ze enthousiast. Een vlieger is natuurlijk ook een stuk speelser dan een windmolen. Er is maar weinig technologie waar je zo vrolijk van wordt." ●

What would the world look like if it were solar powered? by Alice Wong and Crys Cool, The Energy Show (2022) Photography: Aad Hoogendoorn

NEGATIVE FRAME

Such a transformation cannot happen without the consent of the government, in the same way that the installation of energy sheet piling still often runs up against the ownership rights of Rijkswaterstaat, municipalities and private individuals. That being said, the government is working hard to remove stumbling blocks such as this. With the awareness that we have dragged our heels for far too long when it comes to energy transition, the government's top sector policy is focused on alternative technologies, and increasingly stringent targets are adding extra pressure.

'It may not always emanate to the sector, but the Energy and Creative Industries top sectors often collaborate at policy level', explains Freek van 't Ooster, himself a project manager at Uptempo!, a programme that works in multidisciplinary teams to address problems such as the energy transition at neighbourhood level. 'Every programme should have a design thinker or designer in the team. Designers are still too often seen as an additional expense, which means that opportunities are being missed. The energy sector traditionally thinks in terms of major investments and in the long term. In contrast, creative thinkers are about quick, cyclical innovation, with rapid feedback and experimentation. The energy sector is now keen to move towards more agile working practices, but delivery obligations and other long-term obligations can get in the way.'

Van 't Ooster thinks that things also need to change at governmental agencies. 'The wheel is still often reinvented, due to a "not invented here" sentiment. And work is often duplicated when granting permits, as for each new innovation, everything has to be reassessed. It would be better to work with templates, in order to shorten processes. Which is urgently needed!'

But in Van 't Ooster's opinion, the most important change is mental. 'For ages, the discussion has been dominated by finances. Energy transition was negatively framed, in terms of costs, investments and effort. While we were working towards a better living environment: a fine and positive aim.'

Solar designer Van Aubel would like to see the government play a more active role. 'By launching a "sun bank", for example, where you could get a mortgage for solar panels.' But she also thinks that there's work to be done for the industry and consumers. 'The industry could offer more space for experimentation. Consumers can get more up to speed and invest in collective solar energy facilities. We try to help during The Solar Biennale by sending energy coaches into neighbourhoods and by showing what's possible in a travelling exhibition.'

Peschel from Kitepower also actively communicates his story. 'Together with Green Power Solutions, we hold demonstrations at festivals and construction sites, and we answer questions. People want to know how safe the technology is, whether their cows will be scared by one of our kites, which might mean that they would produce less milk. But once they've seen Kitepower with their own eyes, they change their tune. A kite is naturally a good deal more fun than a wind turbine. It's one of the few examples of technology that really makes you smile.' ●

energie-damwanden.nl
kitepower.nl
thesolarbiennale.com

The New Sun by
Agnieszka Polska,
The Energy Show (2022)
Photography:
Aad Hoogendoorn

The Wind at Your Back!

'I'll soon leave the BNO behind in good shape: robust, dynamic and alert.'

Words: <u>Gert Staal</u>
Photography: <u>Valentina Vos</u>

Interview with Madeleine van Lennep

Een gesprek met Madeleine van Lennep, sinds 2013 directeur van de Beroepsorganisatie Nederlandse Ontwerpers (BNO), gaat niet zonder voorbereiding. Dat geldt voor de interviewer die al enkele weken tevoren een stevig pakket inleesmateriaal heeft ontvangen. En voor de geïnterviewde. Wanneer we elkaar in het kantoor van de BNO ontmoeten, ligt er een notitie naast haar waterglas. Met de kleurenprinter zijn bepaalde passages gemarkeerd. Je huiswerk doen is het halve werk, zal ze later beklemtonen. "Het is domweg een kwestie van professionaliteit. En daarnaast hou je zo de regie."

An interview with Madeleine van Lennep, Director of the Association of Dutch Designers (Beroepsorganisatie Nederlandse Ontwerpers, BNO) since 2013, demands the necessary preparation. This applies to the interviewer, who received a hefty reading package a few weeks previous. And also to the interviewee. When we meet at the BNO offices, some notes lie next to her tumbler. Certain passages have been highlighted in colour. Doing your homework is half the battle, she would later emphasise. 'It's simply a matter of professionalism. And it means you stay in control.'

ML: Madeleine van Lennep
Gert Staal

Het bewijs wordt in de volgende uren overtuigend geleverd. Het interview volgt veelal de lijnen die zij wil aanbrengen. Haar naderend vertrek bij de beroepsorganisatie – ze wordt volgend jaar 67 en vindt dat "een goed moment" – is voor Van Lennep allerminst reden om nu al de teugels te laten vieren. Aimabel maar beslist zet zij haar eigen afscheidsinterview in de steigers. Zoals ze decennialang gewend is geweest te opereren in diverse functies in de wereld van cultuur, beleid en erfgoed, van de Raad voor Cultuur tot het Mondriaan Fonds. Vooraf weten welke resultaten je wil en kan behalen. Hoe je een groeiend netwerk koestert en op de juiste momenten met de passende argumentatie weet te activeren. Het heeft de BNO gedurende de tien jaar van haar directeurschap strategisch sterker, zichtbaarder en effectiever gemaakt. Of, zoals zij het zelf formuleert: "Ik laat de BNO binnenkort goed achter: stevig, dynamisch en wakker."

Hoe zou je de huidige positie van de beroepsorganisatie karakteriseren?
ML: "We hebben onze pijlers: de BNO komt op voor de belangen van de beroepsgroep. We ondersteunen de leden met informatie, inspiratie en deskundig advies, verbinden hen met elkaar

ML: Madeleine van Lennep
Gert Staal

In the hours that follow, the evidence is presented convincingly. The interview largely follows Van Lennep's chosen course. Her approaching departure from the professional association – she'll turn 67 next year and thinks that will be a 'fitting moment' – is absolutely no reason to start slackening the reins. Amiably yet decisively, she forges her own farewell interview. In the same fashion as she has become accustomed to working after decades in various positions in the world of culture, policy and heritage, from the Council for Culture to the Mondriaan Fund. Knowing in advance what results you want to – and can – achieve. How to nourish a growing network, and to activate it at the right times with the right argumentation. During the decade with Van Lennep at the helm, the BNO has made strategic advancements and become more visible and effective. Or, in her own words: 'I'll soon leave the BNO behind in good shape: robust, dynamic and alert.'

How would you describe where the professional association is currently at?
ML: 'We have our goals: the BNO stands for the interests of the professional group. We support our members

Interview

en met andere professionals. En we representeren het vak in de buitenwereld. Hoe we dat doen, verschilt per situatie en tijdsgewricht. En per doelgroep en ambitie. Ik ben er trots op te kunnen zeggen dat we dingen nooit doen omdat we ze nu eenmaal altijd deden. Als een instrument niet meer werkt, laten we het los en komt er iets nieuws.

Je kunt van twee snelheden spreken. Enerzijds is er de doorlopende oriëntatie op de belangen van de vakgemeenschap. Die staat voorop en is weinig tijdgebonden. Daarnaast moeten we een agenda ontwikkelen die inspeelt op wat er nu om ons heen gebeurt en hoe wij daar als organisatie over denken. Wat heeft het collectief nodig, en hoe ondersteunen we de actuele verlangens van de individuele bureaus en ontwerpers? De organisatie zelf doet dat. Maar ik denk ook aan ons uitgebreide aanbod qua educatie en het mentornetwerk waarin leden kunnen sparren met andere aangesloten ontwerpers. Zo zetten we het menselijk kapitaal van de vereniging op een informele en voor alle betrokkenen uiterst waardevolle manier in.

De BNO verenigt vele praktijken, generaties, specialismen en gradaties van betrokkenheid. Om zo'n uiteenlopend gezelschap goed te kunnen bedienen, zijn onze instrumenten gemodelleerd naar de noden of vragen van specifieke subgroepen, en altijd volgens de stelregel: differentiëren!"

Even een stap terug. Na je vertrek bij het Mondriaan Fonds kwam deze functie op je pad. Wat trok je aan in de BNO?
ML: "De aanlokkelijkheid zat voor mij allereerst in de mogelijkheid om een overstap te maken van het domein van de beeldende kunst naar ontwerp. Een vakgebied dat alomtegenwoordig is in de wereld, en in hoge mate relevant is voor hoe onze samenleving functioneert. Dat maakt de ontwerpwereld tot een spannend werkterrein. Fijn vond ik bovendien het verenigingskarakter van de BNO, een plek waar het draait om mensen en het principe 'samen sterker'. De derde overweging had te maken met de schaal van de organisatie: groot genoeg om van betekenis te kunnen zijn, maar met zo'n twaalf mensen nog steeds heel overzichtelijk. Ieder heeft een eigen werkgebied en ik hoef echt niet de hele tijd te controleren hoe mijn collega's hun taken precies invullen. Onze juristen beslissen zelf hoe zij hun advisering aanpakken. Voor mij telt dat de adviesvragers uiteindelijk happy zijn met de ondersteuning die ze hebben ontvangen. Dat is waar je in mijn rol op stuurt.

Bij de BNO had ik het geluk dat mijn voorganger Rob Huisman met een vooruitziende blik alle ontwerpdisciplines had weten te verenigen. Daarnaast effende hij het pad voor de topsector en de oprichting van de Federatie Creatieve Industrie. Mede daarom wist ik bij mijn aantreden direct: de vereniging moet de komende jaren een evolutie ondergaan, geen revolutie."

Je spreekt over het vervullen van een 'rol'. Beschrijft dat begrip de taakopvatting waarmee je de BNO leidt en vertegenwoordigt?
ML: "Eerder noemde ik al drie overwegingen die me in deze baan aantrokken: het grote maatschappelijke belang van het vakgebied, de vereniging zelf en de maat van de organisatie. Het vierde aspect realiseerde ik me gaandeweg: deze positie is

with information, inspiration and expert advice, we connect them with each other, and with other professionals. And we represent the profession in the outside world. How we do that depends on the situation and juncture. And on the target group and ambition. I'm proud to be able to say that we never do things just because that's how it's always been. If something doesn't work, we abandon it and something new takes its place.

You could say there are two speeds. On the one hand, we're always exploring the interests of the professional community. That has priority and is an ongoing process. In addition, we have to develop a programme that responds to what is currently happening around us and what we think of that as an organisation. What does the collective need, and how do we support the current wishes of individual agencies and designers? That's what the organisation itself does. But my mind also turns to our extensive educational offering and the mentor network, which allows members to exchange ideas with other member designers. This allows us to use the association's human capital informally and in a way that is highly valuable to all involved.

The BNO unites many practices, generations, specialisms and levels of involvement. In order to effectively serve such a diverse group, our means are geared towards the requirements or questions of specific subgroups, and always using the principle: differentiate!'

Let's take a step back. After leaving the Mondriaan Fund, this position came up. What did you like about the BNO?
ML: 'First and foremost, I was drawn to the possibility of making a switch from the world of art to that of design. A professional field that is ubiquitous in the world, and is highly relevant for how our society functions. That makes the world of design an exciting place to work. I also liked the club character at the BNO, it's a place that focuses on people and the principle of "stronger together". My third consideration was linked to the size of the organisation: large enough to be significant, but with some 12 colleagues, still very manageable. Everyone has their own sphere of activity and I certainly do not need to constantly check exactly how my colleagues do their jobs. How our legal team offers counsel is up to them. For me, what matters is that those seeking advice are happy with the support they have received. That is what you push for in my role.

At the BNO, I was lucky that my predecessor Rob Huisman had the foresight to successfully unite all design disciplines. He also paved the way for the top sector and the foundation of the Federatie Creatieve Industrie. It's partly because of this that I knew immediately after joining the association that the years ahead weren't about a revolution, but rather continued evolution.'

You mention performing a 'role'. Does this describe your understanding of your duties in leading and representing the BNO?
ML: 'I already mentioned three considerations that attracted me to this job: the undeniable social importance of the field, the association itself and the size of the organisation. I realised the fourth aspect along the way: I was given this position because

Madeleine van Lennep 53

'I knew immediately after joining the association that the years ahead weren't about a revolution, but rather continued evolution.'

mij gegund omdat het een goede match was. In al mijn functies heb ik verantwoordelijkheidsgevoel – je rol naar beste kunnen invullen – altijd weten te verbinden met plezier: work hard, play hard. Dat is mijn geluk geweest. En wat ik steeds meer ben gaan zien is dat je niet één, maar meerdere rollen naast elkaar kunt kiezen. Ik zie het ook als een spel, en het plezier heeft ervoor gezorgd dat ik keihard heb kunnen werken zonder overigens ooit een workaholic te worden."

Hoe ziet dat er in de praktijk van de BNO uit?
ML: "Binnen de organisatie help je mensen prioriteiten stellen. Ik denk bijvoorbeeld aan de communicatiecollega's die regelmatig overspoeld worden met vragen van buitenaf. De grote lijnen bewaken, vertrouwen geven, geruststellen. Zodat zij verder kunnen. Dat is dankbaar en noodzakelijk werk maar het verlangt een bepaalde mindset. Toen ik hier net begon schrokken collega's nogal eens van mijn veeleisendheid en mijn gehamer op zorgvuldigheid en nuance. Vroeger omschreef ik mezelf als meer taakgericht dan mensgericht. Dat beeld heb ik hier geleidelijk bijgesteld. Ik herinner me de reactie van Rita van Hattum – adjunct-directeur, en mede door haar lange staat van dienst van enorme waarde voor de BNO – op een mailtje dat ik haar liet nalezen. Rita's reactie was: 'Perfecte mail Madeleine, maar d'r moet wel een bloemetje bij.' Zulke momenten waren buitengewoon leerzaam."

En in je contacten binnen de vereniging? Ik probeer me voor te stellen hoe je op een druilerige woensdagavond op pad gaat naar weer een bijeenkomst die door de leden van een lokale of regionale afdeling is georganiseerd...
ML: "Je lijkt het niet te geloven, maar ik geniet van zulke bezoeken. Na zo'n avond bij een regioplatform, met presentaties van al dan niet aangesloten ontwerpers, sta ik totaal opgetild buiten. Je wordt altijd weer verrast.

it was a good match. In all of my positions, I have managed to combine a sense of responsibility – performing your role to the best of your ability – with fun: work hard, play hard. I have been fortunate. And what I have increasingly seen is that you can assume not a single role, but numerous roles. It is also a game, and the fun has meant that I have been able to work terribly hard without ever becoming a workaholic.'

And what does that entail in the BNO practice?
ML: 'Within the organisation, I help people to set priorities. My colleagues in communications, for example, who regularly have to deal with a deluge of questions from outside the organisation. Keep check on the bigger picture, give them confidence, reassure them. So that they can forge ahead. That is rewarding and necessary work, but it demands a certain mindset. When I first started here, colleagues were sometimes shocked by how exacting I was and by how I was always going on about precision and nuance. I used to describe myself as being more task-focused than people-focused. During my time here, I have gradually adjusted that image of myself. I recall what Rita van Hattum – Assistant Director, and a hugely valuable asset, partly because she has been at the BNO for so long – said after reviewing an email for me. Rita's response was: "The email is perfect, Madeleine, but you need to include a bouquet." I learnt an awful lot from moments like that.'

And what about with people within the association? I am trying to imagine how, on an overcast Wednesday evening, you set off for yet another meeting that has been organised by the members of a local or regional branch...
ML: 'You appear to find it hard to believe me, but I enjoy meetings like that. After an evening at a regional platform, with presentations by designers – whether members or not – I am absolutely buzzing. You're constantly surprised.'
In fact, that's what our organisation is always doing: listening to what's on our members' minds, recognising issues. But also scanning the outside world for opportunities and threats relevant to the profession. Asking questions and being confronted with questions is very important for how the BNO operates. In the pre-digital era, members often turned to the BNO for all sorts of practical concerns that they now think they can easily find out for themselves by looking online. The organisation itself

Interview

MADELEINE VAN LENNEP

Madeleine van Lennep (1956) was raised in Mexico and Eindhoven, and educated at the St. Joost School of Art & Design and the Reinwardt Academy for museology. At the start of her career, she developed a new strategy for the Stedelijk Museum Schiedam. Later she initiated and oversaw art commissions for the city of Utrecht and was director of the Federatie Kunstuitleen. As a staff member of the Dutch Council for Culture, she advised the government on the domain of visual arts and design. She also served as deputy director of the Mondriaan Foundation, after the merger called the Mondriaan Fund. Since 2013, she has been director of the BNO. Alongside her principal roles, Madeleine has been active in the Vedute Foundation, a variety of boards and in visitation panels of various art schools.

Madeleine van Lennep

'Certainly compare
cultural infrastruct

Eigenlijk is dat wat wij als organisatie permanent doen: luisteren naar wat leden bezighoudt, issues herkennen. En tegelijk de buitenwereld scannen op kansen en bedreigingen voor het vak. In het functioneren van de BNO is vragen stellen én met vragen geconfronteerd worden heel belangrijk. Tijdens het pre-digitale tijdperk hadden leden de BNO vaak nodig voor allerlei praktische zaken die ze inmiddels eenvoudig zelf op internet denken te kunnen vinden. Daardoor zijn het werk en de organisatie behoorlijk veranderd. En we zijn veel sterker multidisciplinair gaan opereren, wetend dat vakgenoten elkaar vanuit hun uiteenlopende achtergronden kunnen informeren, inspireren en adviseren."

Je luistert naar de leden, analyseert de omgeving waarin zij actief zijn, herkent misschien de problemen van de situatie. En dan?

ML: "Het is verrijkend om telkens opnieuw mee te mogen kijken en luisteren op de plekken waar ontwerpers aan het werk zijn. Om met hen na te gaan of datgene wat ze nu doen ook werkelijk is wat ze willen blijven doen. Voor de BNO is het zaak in dergelijke ontmoetingen 'haakjes' te ontdekken zodat de ervaringen van dat ene bureau ook voor anderen van betekenis kunnen zijn. Dat is onderdeel van de terugkoppeling die op onze werkbezoeken volgt: wij zien onze leden, en de leden zien ons.

Kijk naar corona. Dat heeft de ontwerpsector natuurlijk niet onberoerd gelaten. Al heel vroeg zijn wij informatie gaan ophalen onder de leden, gewoon door ze te bellen. Wat zijn voor jullie de consequenties, de vooruitzichten? Later hebben we dit via enquêtes herhaald. In samenwerking met MKB-Nederland, Kunsten '92 en de Taskforce Culturele en Creatieve Sector zijn de noden vervolgens met het nodige volume aan de Rijksoverheid voorgelegd. Met de vraag om specifieker beleid voor de sector. Door tijdig te reageren hadden wij onze zaken op een rij. Ontwerpers herkenden dat.

Tegelijk opende de pandemie een ander perspectief. Of ze het leuk vonden of niet, veel ontwerpers zagen in de crisis een gelegenheid om eens stil te staan bij hun gangbare werkpraktijk. Is dit wel wat ik moet blijven doen? Sommigen omarmden de 'luxe' van het onderzoek of experiment. Of ze begonnen vrij werk te maken en ontdekten tot hun verbazing dat het als een tierelier liep, waarmee hun praktijk een ander accent kreeg. Ik zie het als onze taak om ook zulke veranderingen te registreren en te delen. Ophalen, aggregeren en adresseren; dat is wat we voortdurend doen!"

and what we do has therefore changed considerably. And we have adopted a much stronger multidisciplinary approach, in the knowledge that colleagues can draw on their diverse backgrounds to inform, inspire and advise each other.'

You listen to the members, analyse the environment in which they are active, perhaps recognise the problems. And then?

ML: 'It is illuminating to return to the places where designers are at work, to see what they are doing and listen to them. To explore with them whether what they are currently doing is what they want to keep on doing. For the BNO, it's important to find 'hooks' during meetings like this, so that one agency's experiences can help others. That's part of the feedback that follows our working visits: we see our members, and our members see us.

Consider the coronavirus pandemic. That naturally also left its mark on the design sector. We got in touch with our members at a very early stage, simply by calling them. What are the consequences for you, the prospects? We repeated the process later on, with questionnaires. In collaboration with MKB-Nederland, Kunsten '92 and the Cultural and Creative Sector Taskforce, we raised the issues – with appropriate urgency – with the government. We asked for more specific policies for the sector. Our timely response meant that we had things covered, and the designers acknowledged this.

The pandemic also brought a different perspective. Whether they liked it or not, the crisis gave many designers the opportunity to reflect on their working practice. Should I continue doing this? Some embraced the 'luxury' of research or experimentation. Or they started making independent work, and were surprised with how utterly successful that was, which gave their practice a different vibe. I see it as our job to also register and share changes like this. Gather, aggregate and address; that is what we are always doing!'

Such an example illustrates the diversity of the BNO community. It can't be easy to effectively represent such a diverse group?

ML: 'A little voice inside my head sometimes asks: Are we really a community? Or sooner a community of communities? You have members with a tremendous drive to get the most out of everything and to learn as much as possible. And others who

Interview

to the subsidised re, we have truly become a robust Dutch knowledge institute.'

Zo'n voorbeeld illustreert hoe divers de BNO-gemeenschap is. Het kan niet eenvoudig zijn om die herkenbaar te vertegenwoordigen?

ML: "Af en toe is er een klein stemmetje in mijn hoofd dat vraagt: Zijn we nou echt één community? Of eerder een community van communities? Je hebt leden die enorm gemotiveerd zijn om zoveel mogelijk te halen en te leren. En anderen die uit principe lid zijn. De fase van een carrière kan een rol spelen, of het verbrede spectrum van vooropleidingen dat inmiddels toegang tot het lidmaatschap geeft. Terwijl voor een enkeling helaas het aloude vooroordeel nog voortleeft dat je als ontwerper je autonomie zou opgeven wanneer je je bij een beroepsorganisatie aansluit."

Aan jou de schone taak om alle kikkers in de kruiwagen te houden?

ML: "Nee, zeker niet. Integendeel: die diversiteit is juist zo belangrijk en van deze tijd! Niet voor niets portretteerden we heel uiteenlopende rolmodellen in ons tijdschrift Dude, een afgewogen keuze van disciplines en praktijken. En ook in de nieuwe formule van Dd Magazine en het Dd Yearbook proberen we de volle breedte van het vak – van systeemdenker tot ambachtspersoon of activist – te koppelen aan de issues van deze tijd. Hun individuele verhalen zijn nodig om het collectieve verhaal te verrijken en zo de uitoefening van het vak beter begrijpelijk te maken. Ik durf wel te beweren dat wij, zeker ten opzichte van de gesubsidieerde culturele infrastructuur, echt een solide Nederlands kennisinstituut zijn geworden."

are members as a matter of principle. The phase of a career can play a role, or the wide range of preparatory training courses that nowadays grant membership. While there are unfortunately still those with the ancient preconception that designers lose their autonomy when they join a professional organisation.'

So it's down to you to keep everyone on board?

ML: 'No, absolutely not. On the contrary: this diversity is exactly what's needed right now! It's for good reason that we chose a highly diverse range of role models for our magazine 'Dude', a balanced selection of disciplines and practices. And in the reimagined 'Dd Magazine' and 'Dd Yearbook', we try to link every aspect of the profession – from systems thinker to craftsperson – to the issues of our times. We need their individual stories to enrich the collective story, in order to make the pursuance of the profession more comprehensible. I venture to claim that we, certainly compared to the subsidised cultural infrastructure, have truly become a robust Dutch knowledge institute.'

How is that evident?

ML: 'In the past decade, we have become more visible and more modern, partly thanks to our communications policy. People are once again keen to join us. We hold greater sway in the design landscape. We are an integral link in creative industry policy. That is reflected in the collaboration with the Platform ACCT, an initiative of the entire professional field to improve the labour market in the cultural and creative sector. In the discussion of

Madeleine van Lennep

Waar zie ik dat aan?

ML: "In de afgelopen tien jaar zijn we veel zichtbaarder en eigentijdser geworden, mede dankzij ons communicatiebeleid. Mensen willen er weer bij horen. In het ontwerplandschap hebben we een krachtiger stem gekregen. In het beleid rond de creatieve industrie zijn we een integrale schakel. Dat komt ook tot uitdrukking in de samenwerking met het Platform ACCT, kort voor Arbeidsmarkt Culturele en Creatieve Toekomst. Bij het gesprek over een ander, mij dierbaar onderwerp – de zorg om het behoud van ontwerparchieven – constateer ik dat onze stem wordt gerespecteerd. Eindelijk lijkt het traject dat in 2019 met Het Nieuwe Instituut is ingezet na de nodige druk tot resultaten te gaan leiden. En ons volgende Dd Yearbook presenteren we in het Stedelijk Museum Amsterdam, ook een relatie waar de afgelopen jaren bewust aan is gebouwd."

Het fenomeen 'creatieve industrie', waar de BNO zich via allerlei gremia sterk mee heeft geassocieerd, lijkt voort te komen uit een nogal vernauwd perspectief op de ontwerpwereld als een voornamelijk economisch speelveld. Klopt dat?

ML: "Zo'n interpretatie is mij veel te smal. Natuurlijk zijn ondernemerschap en financiële overleving een voorwaarde voor de instandhouding van ontwerppraktijken. Maar het lijkt me duidelijk dat het economisch domein een integraal onderdeel is van de samenleving. Als ontwerper wil je betekenis hebben voor de samenleving, impact hebben op de wereld. En dat omvat veel meer dan alleen een culturele insteek. Ontwerp is overal actief: in de zorg, de openbare ruimte, het debat rond duurzaamheid, de communicatie et cetera. Een al te eenduidig cultureel perspectief dreigt de sector als een geïsoleerde gemeenschap voor te stellen en beperkt daarmee de beeldvorming rond het vak.

Naar mijn idee heeft ontwerp een belangrijke bijdrage te leveren aan het bereiken van een noodzakelijk evenwicht tussen de drie P's: people, planet en profit. Het groeiende besef dat we te maken hebben met een polycrisis leidt er inmiddels toe dat er op allerlei niveaus om creativiteit wordt geroepen, laatst nog in de Troonrede."

Met de Troonrede zijn we in het hier en nu, op de drempel van je naderend afscheid. Hoe zou je de actuele stand van het vakgebied omschrijven?

ML: "We zitten midden in een periode van fundamentele verandering. Het fenomeen Dutch design, op de kaart gezet door de generatie Wim Crouwel en Friso Kramer en in de jaren '90 door Droog Design van een nieuwe inhoud voorzien, moet vandaag in de context van de polycrisis een totaal andere invulling krijgen. De sector heeft en ervaart meer urgentie. Er moet sneller worden geleverd. De franje van eerdere tijden is er echt wel vanaf. Wat heel duidelijk is geworden, zowel binnen het vakgebied als daarbuiten, is de noodzaak van teamwerk in en tussen disciplines. Vakmanschap dient gepaard te gaan met uitstekende ondernemende én sociale kwaliteiten. Wij bouwden daaraan bij de fantastische groep ontwerpers die de afgelopen tien jaar deelnam aan ons programma Driving Dutch Design. Bij die groep merk je ook hoe belangrijk de zogenoemde soft skills zijn geworden voor een succesvolle ontwerppraktijk."

another subject, one that is close to my heart – the preservation of design archives – I see that what we have to say is respected. It appears that, after a good deal of pressure, the journey that started with Het Nieuwe Instituut in 2019 is finally bearing fruit. And we are presenting the next edition of our "Dd Yearbook" at the Stedelijk Museum Amsterdam, another relationship that we have consciously worked on in recent years.'

The phenomenon of the 'creative industry', with which the BNO has developed a strong association via a range of bodies, appears to have its origins in a rather narrow perspective of the design world as primarily an economic playing field. Is that the case?

ML: 'Such an interpretation is much too constricted for me. It goes without saying that entrepreneurship and financial survival are prerequisites of the continuation of design practices. But I would think it is obvious that the economic domain is an integral part of society. As a designer, you want to mean something to society, have impact on the world. And that involves much more than solely a cultural aspect. Design is active all around us – in healthcare, public space, issues of sustainability, communications, etc. An overly univocal cultural perspective risks presenting the sector as an isolated community, thereby restricting how people see the profession.

I think that design can play a significant role in achieving the necessary balance between the three P's: people, planet and profit. The growing awareness that we are facing a polycrisis is now leading to widespread calls for creativity, as we also recently heard in the King's speech'.

'If the state of the world sometimes gets me down, I only have to look to the youngest batch of designers, who fight so passionately for their ideals.'

Stemt het je optimistisch over de bijdrage van ontwerp aan de samenleving?

ML: "Ik benijd de politici niet die momenteel een weg moeten vinden in de stapeling van grote opgaven. En tegelijk: de mens zou de mens niet zijn als hij die knoop van Houdini niet zou weten te ontwarren. De veronderstelling dat ontwerpers eigenhandig met oplossingen komen is mij te kort door de bocht. Maar met hun bijdragen kunnen zij zich beslist verdienstelijk maken bij het benaderen van grote en kleinere vraagstukken. Daarom geloof ik onverkort in de toekomst van het vak en de vereniging. Als de staat van de wereld me soms zwaar valt, hoef ik alleen maar naar de jongste lichting ontwerpers te kijken die te vuur en te zwaard voor hun idealen strijdt. Net als de generaties voor hen willen ze impact hebben, met mooi en betekenisvol werk." ●

The King's speech brings us to the here and now, on the threshold of your upcoming departure. How would you describe the current state of affairs in the field?

ML: 'We are in the middle of a period of fundamental change. The phenomenon of Dutch design, put on the map by the generation of Wim Crouwel and Friso Kramer, and refreshed by Droog Design in the 1990s, now needs to dramatically alter course in the context of the polycrisis. The sector has and is experiencing a greater sense of urgency. Turnarounds are quicker. The perks of yore are truly gone. What has become very clear, both within the field and outside, is the necessity of teamwork in and between disciplines. Craftsmanship needs to be paired with outstanding entrepreneurial and social qualities. We worked on these qualities in the past decade with the fantastic group of designers that took part in our Driving Dutch Design programme. With this group, you really see how important the so-called soft skills have become for a successful design practice.'

Does it make you feel optimistic about the contribution of design to society?

ML: 'I don't envy the politicians currently tasked with finding a path through mountains of pressing challenges. And at the same time: humans wouldn't be humans if they weren't able to disentangle Houdini's knot. I think the assumption that designers come up with their own solutions is too easy. But with their contributions, they can certainly play a valuable role when dealing with issues both major and minor. That's why I still unreservedly believe in the future of the profession and the association. If the state of the world sometimes gets me down, I only have to look to the youngest batch of designers, who fight so passionately for their ideals. Just like the generations before them, they want to make an impact, with first-rate, significant work.' ●

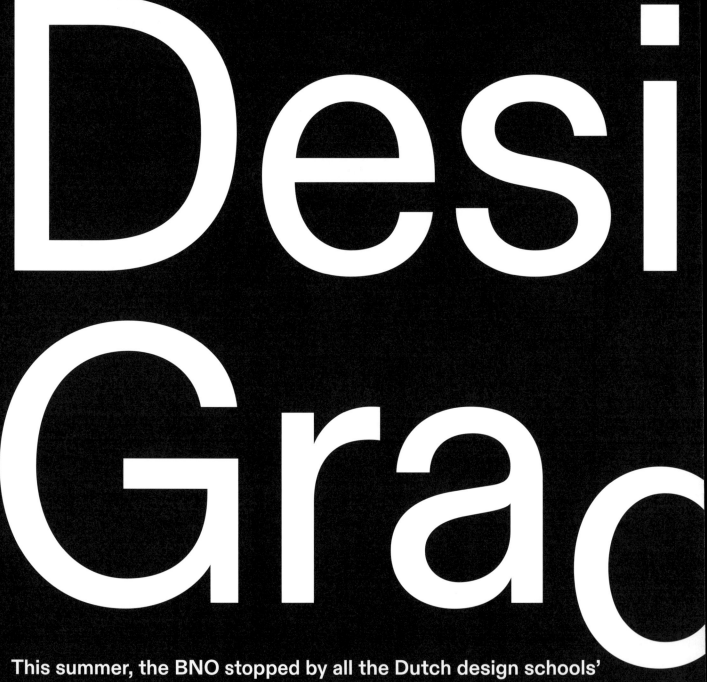

Desi
Grad

This summer, the BNO stopped by all the Dutch design schools' graduation exhibitions to get to know the latest crop of designers and their work. To everyone's great excitement, it was once again possible attend in person after two years of making do with digital workarounds and despairing over cancelled events. On the following pages, you can admire the work of the design graduates we have selected for this year's publication. Based on the inspired designs we saw and the record number of graduation project submissions, one thing is clear: we should prepare ourselves for another generation of exceptional talent.

Deze zomer bezocht de BNO de eind-
examenexposities van de Nederlandse
ontwerpopleidingen om kennis te maken met de nieuwste lichting ontwerpers en hun werk. Dat kon weer live en
de opgetogenheid daarover was groot,
nadat iedereen zich twee jaar moest
behelpen met digitale noodverbanden
of treurde om afgelaste happenings.
Verderop is het werk te bewonderen
van de design graduates die we selec-
teerden voor deze publicatie. Op basis
van de bevlogen ontwerpen die we
zagen en de recordhoeveelheid afstu-
deerwerken die werden ingezonden
is een ding duidelijk: we kunnen ons
opmaken voor een nieuwe generatie
uitzonderlijk talent.

Words: <u>Madeleine van Lennep</u>
& <u>Barbara van Santen</u>

Selection: <u>Rita van Hattum</u>,
<u>Freek Kroesbergen</u>, <u>Barbara van Santen</u>
& <u>Supervisory Board BNO</u>

Weliswaar had corona niet meer dezelfde ontwrichtende impact als in de jaren ervoor, er overvielen ons dit jaar zoveel nieuwe gebeurtenissen dat het gevoel van chaos in de samenleving alleen maar toenam. De nieuwste generatie designers steekt het hoofd daarvoor bepaald niet in het zand. Zij zitten met hun afstudeer-projecten dit jaar misschien nog wel dichter op de huid van de tijd dan ooit.

Ze bekommeren zich om onze mentale gezondheid, waarbij thema's aan bod komen als zelfbeeld, mindfulness, het omgaan met ziekte en verlies, of de scha-delijke effecten van smartphones, social media en altijd online zijn. Zo ontwierp Freke Meijer aan het platform Fate Mates om jongeren die op vroege leeftijd hun ouders hebben verloren met elkaar in aanraking te brengen, en creëerde Petra Eros de ludieke pop-upapotheek SOMA, met een fraai ontworpen farmaceutische productlijn die 'hyperfocus', 'creativity' en 'downtime' belooft.

De zoektocht naar identiteit is een terugkerend onderwerp, dat zich dit jaar manifesteert in verzet tegen heteronormatieve waarden, feminisme en zichtbaar-heid van de LHBTIQ+-gemeenschap, treffend neergezet in Erwin Izaäk Joziasses project – en drag alter ego – De Nehalennia, of in Alma Teers sieradenlijn The Best Jewellery a Woman Can Wear is Her Smile, die, door de drager van de juwelen tot een glimlach te dwingen, wijst op de verwachtingen die al eeuwenlang aan vrouwen worden opgelegd. We zagen werk dat gaat over seksueel geweld en in-timidatie, zoals Sabine Immings videocampagne The Nice Guys, die verschillende facetten rondom de verkrachtingscultuur toont en laat zien hoe onderwerpen als seks, gender en geweld in onze beeldcultuur leven.

In deze lichting ook ontwerpers die met hun werk naar een gevoel van geborgenheid en veiligheid streven, wat zich manifesteert in zachte vormen en materialen. Een voorbeeld is de modecollectie Blanket van Loïs Brandsen waarmee zij zich afvraagt: Waar hoor ik thuis? Het sympathieke project Een Zacht Huis van Willemijn Besteman, dat bestaat uit ruim 300 zachte knuf-felbakstenen gemaakt samen met mensen in dagbeste-dingen, toont dezelfde behoefte.

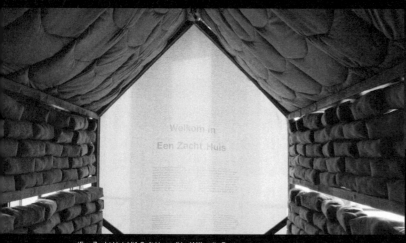

'Disembodied Voices from Beyond the Horizon' by Sabina Scorțanu, ArtEZ University of the Arts, Arnhem, Graphic Design, BA

'Een Zacht Huis' ('A Soft House') by Willemijn Besteman, Willem de Kooning Academy, Rotterdam, Advertising, BA

Introduction

Although the coronavirus didn't have the same disruptive impact as in previous years, so many other things happened this year that the sense of chaos in our society has only increased. However, the latest generation of designers is certainly not burying their head in the sand. In fact, with their graduation projects, they might have their finger on the pulse of the times more than ever before.

They are concerned about our mental health, addressing topics like self-image, mindfulness, dealing with illness and loss, and the damaging effects of smartphones, social media, and always being online. Freke Meijeraan, for example, designed the platform 'Fate Mates' to bring together young people who lost their parents at an early age, and Petra Eros created 'SOMA', a playful pop-up pharmacy with a beautifully designed line of medications promising 'hyperfocus', 'creativity' and 'downtime'.

The search for identity is another recurring theme. It manifests itself this year in the resistance to heteronormative values, as well as feminism and visibility of the LGBTQI+ community, strikingly portrayed in Erwin Izaäk Joziasse's project – and drag alter ego – 'The Nehalennia', and in Alma Teer's jewellery collection, 'The Best Jewellery a Woman Can Wear is Her Smile', which, by forcing wearers to put on a smile, points to the expectations that have been imposed

'This is My Home' by Dhiren Rao, ArtEZ University of the Arts, Arnhem, Product Design, BA

LONGING FOR INSTANT CREATIVITY   HYPER FOCUS   DESIGNATED DOWN-TIME?

'Mending with Mycelium' by Emma Fukuwatari Huffman, Kyoto Institute of Technology, Speculative Design, MA
Photography: Emma Huffman

'SOMA' by Petra Eros, Royal Academy of Art, The Hague, Graphic Design, BA

on women for centuries. We also saw work about sexual violence and intimidation, such as Sabine Imming's video campaign 'The Nice Guys', which highlights different aspects of rape culture and shows how topics like sex, gender and violence influence our visual culture.

This class of designers also includes those who strive for a sense of safety and security with their work, as evidenced by soft shapes and materials. One example is the 'Blanket' fashion collection by Loïs Brandsen with which she asks: Where do I belong? And the sympathetic project 'Een Zacht Huis' ('a soft house') by Willemijn Besteman, consisting of more than 300 cuddly bricks made in collaboration with people at day centres, reflects a similar need.

Design Graduates   63

Er zijn projecten die gaan over oorlog en daaruit voortkomende trauma's, zoals de installatie Removing Dust Covers van Tofe Al-Obaidi over de tastbare herinneringen van vluchtelingen die niet naar huis kunnen terugkeren. Ook gaat het over de nijpende woningnood in ons land, aangekaart door Dhiren Rao die met zijn doe-het-zelfslaapgelegenheid This is My Home in de gangen van zijn academie bivakkeerde. En natuurlijk komen de energie- en klimaatcrisis aan de orde, en wordt onze wegwerpcultuur aan de kaak gesteld, bijvoorbeeld door Emma Fukuwatari Huffman, die mycelium inzet als duurzaam materiaal om sneakers te herstellen, te verzorgen en te repareren.

Verder houden de afstudeerders zich opvallend vaak bezig met de dood: als thema voor een boardgame, zoals Jennifer Kumers When My Time Comes: An End-of-Life Conversation Game, maar ook in de vorm van een urn, zoals Desi van den Dijssels keramische geluksurnen of het op een 19e-eeuwse graftrommel geïnspireerde retro-futuristische opslagobject van Dylan Eno Sprik met de toepasselijke titel Wat wil je worden als je later dood bent?

'Wat wil je worden als je later
dood bent?' ('What do you want
to be when you're dead?')
by Dylan Eno, Design Academy
Eindhoven, Identity, BA

'Jealous Jelly', from 'The Adorning Entities'
by Maureen Kortenbusch, Maastricht
Institute of Arts, Body-Related Design, BA
Photography: Daniela Petrovic

In het jaar dat de James Webb-telescoop adembenemende en haarscherpe foto's maakte van The Pillars of Creation, blijken ook veel ontwerpers gefascineerd door de kosmos. Sabina Scorțanu ontwierp geavanceerde radiosatellieten voor haar afstudeerproject Disembodied Voices from Beyond the Horizon, om zo het 'hemels gefluister' uit de ruimte op te vangen. The Adorning Entities van Maureen Kortenbusch – een van haar 'bezielde verschijningen' siert de cover van dit boek – doen denken aan de door de telescoop vastgelegde kosmische gas- en stofwolken; luminescente, bijna psychedelische creaties die universele vragen opwerpen.

De wereld om ons heen mag in chaos zijn, als we ons oog richten op de verre ruimte – op de kraamkamer van het leven – dan zien we de nietigheid van ons bestaan en de kwetsbaarheid van dat blauwe bolletje, en realiseren we ons tegelijk hoe uniek en ongelooflijk kostbaar dat leven is. In de Griekse mythologie staat chaos voor leegte, het grote niets. Het begin van alles, van de tijd en van de wereld. En hopelijk het begin van bezielde oplossingen.

Introduction

There are projects that deal with war and the resulting trauma, such as the installation 'Removing Dust Covers' by Tofe Al-Obaidi about the tangible memories of refugees who are unable to return home. They also look at the dire housing shortage in the Netherlands – Dhiren Rao raised the issue by camping out in the corridors of his school using his do-it-yourself sleeping setup 'This is My Home'. The energy and climate crises are also topics of discussion, of course, and our disposable culture is exposed by Emma Fukuwatari Huffman, who uses mycelium as a sustainable material to restore, repair and care for sneakers.

Furthermore, the graduates often seem remarkably focused on death: as the subject of a board game, like Jennifer Kumer's 'When My Time Comes: An End-of-Life Conversation Game', but also in the form of an urn, such as Desi van den Dijssel's lucky ceramic urns or the nineteenth-century burial drum-inspired retro-futuristic storage object by Dylan Eno, aptly titled 'Wat wil je worden als je later dood bent?' ('What do you want to be when you're dead?').

In a year when the James Webb telescope took breath-taking, razor-sharp pictures of the 'Pillars of Creation', many designers also seemed fascinated by the cosmos. Sabina Scorțanu designed advanced radio satellites for her graduation project 'Disembodied Voices from Beyond the Horizon', aiming to pick up 'heavenly whispers' from space. And 'The Adorning Entities' by Maureen Kortenbusch – one of her 'inspired appearances' adorns the cover of this book – bring to mind the cosmic gas and dust clouds captured by the telescope; luminescent, almost psychedelic creations that raise universal questions.

While the world around us might be chaotic, if we turn our focus to distant space – to the cradle of life – we can see the insignificance of our existence and the vulnerability of our little blue globe, and realise how unique and incredibly precious life is. In Greek mythology, chaos represents emptiness, the great nothingness. The beginning of everything, of time and the world. And hopefully the beginning of inspired solutions.

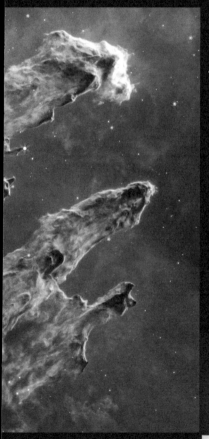

NASA's James Webb Space Telescope's mid-infrared view of the Pillars of Creation. Science: NASA, ESA, CSA, STScI. Image processing: Joseph DePasquale (STScI), Alyssa Pagan (STScI)

'Removing Dust Covers' by Tofe Al-Obaidi, ArtEZ University of the Arts, Arnhem, Graphic Design, BA

'Removing Dust Covers' by Tofe Al-Obaidi, ArtEZ University of the Arts, Arnhem, Graphic Design, BA

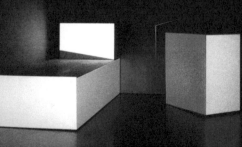

The Best Jewellery A Woman Can Wear Is Her Smile,
Gerrit Rietveld Academy, Amsterdam,
Jewellery Design

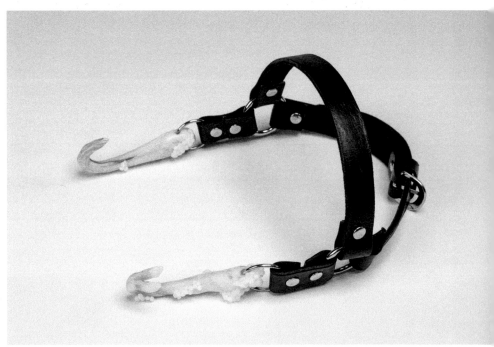

Photography: Weimin Zhu
& Konstantin Guz

Glimlachen is een van de meest voorkomende sociale reflexen van onze tijd, en een communicatiemiddel om geluk uit te drukken. Maar achter het vriendelijke gebaar gaat een complex aan emoties schuil. Met haar 'glimlachgerei' bevraagt Alma Teer de invloed van geschiedenis, maatschappij, sociale media en seksualiteit op het fenomeen, en vertelt ze de verhalen die schuilgaan achter een schijnbaar eenvoudige gezichtsuitdrukking. Door de drager van de juwelen tot een glimlach te dwingen wijst de ontwerper ons op de vaak onopgemerkte of onbewuste reacties van ons lichaam, en levert zij commentaar op de verwachtingen die al eeuwenlang aan vrouwen worden opgelegd.

Smiling is one of the most common social reflexes of our time, and a means of communicating happiness. But a complex of emotions is lurking behind that friendly gesture. With her series of 'smile devices', Alma Teer questions the influence of history, society, social media and sexuality on the phenomenon, and tells the stories hidden behind this seemingly simple facial expression. By forcing the jewellery's wearer to smile, the designer points out the often unnoticed or unconscious reactions of our body, and comments on the expectations that have been imposed on women for centuries.

Alma Teer
almateer.cargo.site
@alma.teer

At the Heart of the Dear, Gerrit Rietveld Academy, Amsterdam, Graphic Design

Design and illustrations: Didda Flygenring
Printing: Terry Bleu, Amsterdam

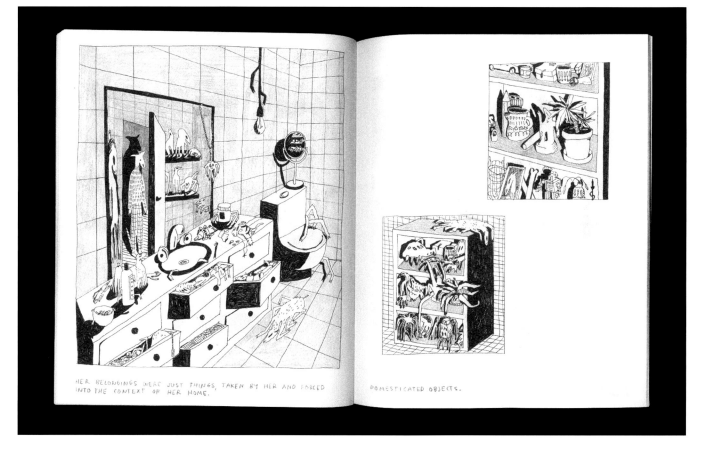

At the Heart of the Dear van Sigríður Þóra (Didda) Flygenring is een geïllustreerd boek over thuis en bezittingen in relatie tot persoonlijke identiteit. Het verhaal volgt een hert, obsessief bezig met de inboedel van haar huis en het daarmee gepaard gaande gevoel van eigenwaarde. Het boek bevraagt onze relatie met onze eigendommen en geeft zo een andere betekenis aan het idee van thuis. Voor het hert was haar thuis het vertrouwde, het gezellige, het dierbare. Het was het centrum van haar identiteit en had de belangrijke rol om haar smaak en waarden te vertegenwoordigen. Maar na verloop van tijd werd het een last – een kostbaar museum om te onderhouden, te cureren en te beschermen. Wie is zij zonder haar bezittingen?

'At the Heart of the Dear' by Sigríður Þóra (Didda) Flygenring is an illustrated book focusing on the topic of home and belongings relating to personal identity. The story follows a deer whose obsessive curation of her home messes with her sense of self. The book aims to question our relationship with our possessions and perhaps give a different meaning to the idea of 'home'. Home was the familiar, the cosy, the dear. It was the centre of the deer's identity, and represented her taste and values. But over time, it became a burden – a precious museum to upkeep, to curate, and to protect. Who is she without her belongings?

Didda Flygenring @diddaflygenring

The Nice Guys,
ArtEZ University of the Arts,
Zwolle,
Graphic
Design

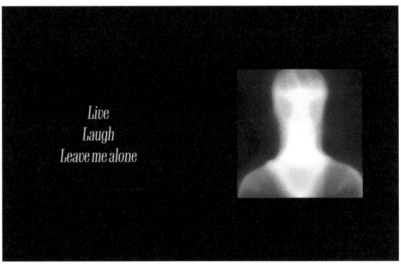

Actors:
Marit Reezigt &
Joram van Duijn

Met haar videocampagne The Nice Guys toont Sabien Imming verschillende facetten rondom de verkrachtingscultuur en laat zij zien hoe onderwerpen als seks, gender en geweld in onze beeldcultuur leven. De onbehaaglijke maar effectieve video's leverden haar de ArtEZ Zwolle Academieprijs 2022 op. In de filmpjes maakt de ontwerper gebruik van verschillende beelden uit de media en refereert zij veelvuldig aan internetcultuur. Robotstemmen leveren commentaar in 'oermensgrammatica'. Want ook al zeggen we het niet hardop, dit is wel hoe er gedacht wordt.

With her video campaign 'The Nice Guys', Sabien Imming shows the various facets of rape culture and how topics such as sex, gender and violence exist in our visual culture. These uncomfortable yet effective videos earned her the ArtEZ Zwolle Academy Award 2022. In the films, the designer employs various images from the media and frequently references internet culture. Robotic voices deliver commentary using 'caveman grammar'. Because even if we aren't saying it out loud, this is how people think.

Sabien Imming

sabienimming.nl
@studiokrabbel

Uit de meterkast, ArtEZ University of the Arts, Arnhem, Product Design

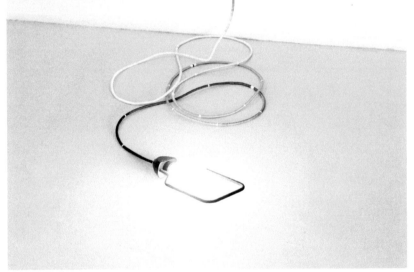

Photography:
Rosalie Apituley
Technical
assistance:
Jelle Reith

We are increasingly dependent on our infrastructure, yet at the same time, these systems are becoming more complex and difficult to understand. How many kilowatt hours of electricity do you use per day, for example? Rosalie Apituley makes the answer visible with her project 'Uit de meterkast' ('out of the meter box'). Her table lamp and hanging lamp translate your energy consumption into concrete actions: by turning or pulling on the lamp, you determine how many watt hours of light you want. As such, this project is a manifesto for a prepaid system for energy use. She has also transformed the meter box into a social object that gives the community new insights on their energy use. Each disc on the box corresponds to a house number on the street. The disc spins faster when the residents use more energy. With solar panels, the disk spins backwards because energy is being generated.

Terwijl we steeds afhankelijker zijn geworden van onze infrastructuren, zijn deze tegelijk steeds complexer en onbegrijpelijker geworden. Hoeveel kWh verbruik je bijvoorbeeld per dag aan elektriciteit? Dat maakt Rosalie Apituley zichtbaar met haar tafel- en hanglamp, die je stroomverbruik vertalen naar een concrete handeling; door aan de lamp te draaien of te trekken bepaal je hoeveel wattuur licht je wilt. Het project is zo een manifest voor een prepaid systeem voor energieverbruik. De elektrakast transformeerde zij tot een sociaal object dat de hele gemeenschap inzicht verschaft in het energieverbruik. Elke schijf op de kast toont een huisnummer in de straat. Die schijf draait sneller als de bewoners meer energie gebruiken. Bij zonnepanelen draait de schijf achteruit, omdat er juist energie wordt opgewekt.

Rosalie Apituley

uitdemeterkast.nl
@uitdemeterkast.nl
@rosalieapituley

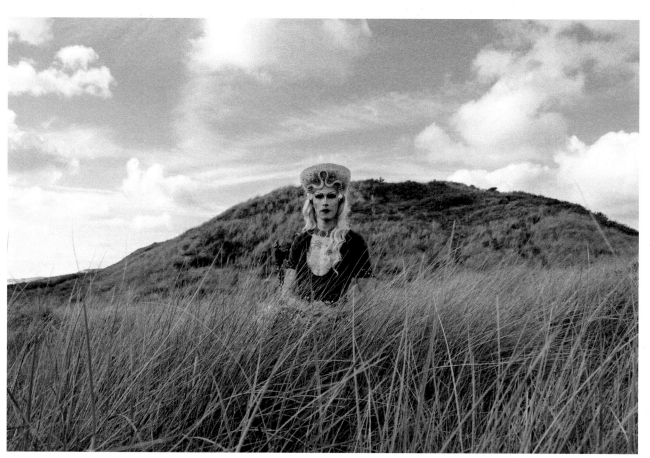

Photography: Nora Taher
Wig styling: Sébastiaan van der Ham

The Nehalennia, ArtEZ University of the Arts, Arnhem, Graphic Design

De LHBTIQ+-gemeenschap is niet erg zichtbaar en geaccepteerd in Zeeland. De Zeeuwse tradities zijn dat echter wel en ze zijn bij iedere Zeeuw bekend. De Nehalennia – Ik worstel en kom boven is een autobiografisch werk over het Zeeuwse erfgoed van de familie van Erwin Izaäk Joziasse, gecombineerd met zijn drag. Na uitgebreide studie is een samenvloeiing ontstaan tussen deze twee culturen en hun esthetiek. Met het project wil de ontwerper het gesprek aanmoedigen op Walcheren, in Zeeland en in andere gemeenschappen waar de LHBTIQ+-gemeenschap minder of niet vertegenwoordigd is.

The LGBTQI+ community is not widely visible or accepted in the Dutch province of Zeeland. The local Zeeland traditions are, however, and are well known by everyone from the region. 'The Nehalennia – Luctor et Emergo' is an autobiographical work about the Zeeland heritage of Erwin Izaäk Joziasse's family, combined with his drag. After some extensive research, he discovered a convergence between these two cultures and their related aesthetics. With his project, the designer wants to encourage conversations in Walcheren, in Zeeland, and in other communities where the LGBTQI+ community has little to no representation.

Erwin Izaäk Joziasse
erwinizaakjoziasse.nl
@erwinizaakjoziasse

The Adorning Entities,
Maastricht Institute
of Arts,
Body-Related Design

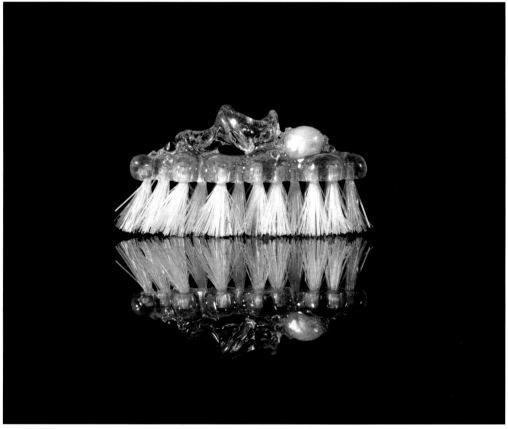

Photography: Daniela Petrovic
Creature archive designed with
the help of Ejla Miletić

Van kinds af aan zag Maureen Kortenbusch de haar omringende materie als meer dan levenloze objecten. Ze transformeerde verlaten materialen in trouwe metgezellen, denkbeeldige vrienden die luisteren en helpen verbinden met de omgeving. De wezens in haar project The Adorning Entities zijn gegroeid uit verlaten voorwerpen en de samenwerking tussen materie en maker. Elke entiteit heeft een uniek verhaal en karakter. Een delicaat samengesteld papieren archief helpt de introverte entiteiten en hun waarden te 'lezen'. De versierende entiteiten symboliseren Maureens animistische benadering van het bestaan, met als doel een verandering in gedrag te stimuleren, geleid door zorg en vriendelijkheid voor jezelf en al het andere.

From a young age, Maureen Kortenbusch saw the things surrounding her as more than just inanimate objects. She transformed abandoned materials into loyal companions – imaginary friends who listened and helped connect her to her environment. The creatures in her project 'The Adorning Entities' arose from discarded objects and the collaboration between material and maker. Every entity has a unique story and personality, and a delicately constructed paper archive helps to 'read' the introverted entities and their values. The adorned entities symbolise Maureen's animistic approach to existence, with the goal of encouraging behavioural changes, led by care and kindness to yourself and everything else.

Maureen Kortenbusch @maureen_joelle_

Photography: Claudia Moraru, Model: Anna Vet
Jewellery: Desert Spirit Ceramic
Shoes: Hans Petrie and Mitchel Leijser

Blanket, the feeling of not knowing where to belong, Royal Academy of Art, The Hague, Textile / Fashion Design

De collectie Blanket van Loïs Brandsen richt zich op de vraag: Waar hoor ik thuis? De modeontwerper groeide op in twee huizen en tussen twee tegengestelde culturen. In de zoektocht naar het beantwoorden van die vraag herkende ze haar culturele achtergrond en begreep ze hoe de Nederlandse en Indonesische cultuur in haar familiebloed verweven zitten. Het definiëren van beide culturen zette de ontwerper aan tot verder onderzoek naar de betekenis van thuis, bedoeld als een eigen, veilige, comfortabele plaats waar we ons verbonden voelen. Een warme deken.

Loïs Brandsen's 'Blanket' collection focuses on a single question: Where do I belong? The fashion designer grew up in two houses and between two opposing cultures. In her quest to find answers, she recognised her cultural heritage and came to understand how the Dutch and Indonesian cultures are intertwined in her family's bloodline. Her effort to define both cultures led the designer to further explore the definition of home, intended as a personal, safe, comfortable place where we feel connected. Just like a warm blanket.

Loïs Brandsen @loisbrandsen

Calmness in Chaos,
Maastricht Institute of Arts, Material Design

Photography: Renske Rietrae
Technical support: Daniel Robinson

Onze hersenen denken door, ook als we gewoon rust nemen. De meeste mensen beschouwen nietsdoen in het gunstigste geval als saai en in het slechtste geval als beangstigend. Juul Hagemeier onderzocht hoe we van onze rusteloosheid af kunnen komen. Ze kwam erachter dat het belangrijk is om momenten te introduceren waarin we stoppen met multitasken en ons bewust richten op één enkele taak. Dit inspireerde tot haar zogenaamde focusobjecten, waarbij de beweging een hypnotisch en meditatief effect teweeg brengt en je de tijd laat vergeten.

Our minds continue to think, even when we are resting. Most people find doing nothing boring at best, or terrifying at worst. When Juul Hagemeier researched ways to overcome our restlessness, she discovered the importance of introducing moments when we stop multitasking and consciously focus on one a task. This is the inspiration behind her so-called 'focus objects' whose movements create a hypnotic, meditative effect, allowing you to forget the time.

Juul Hagemeier
juulhagemeier.com
@juulhagemeier

An Emblematic Visual Signal, Royal Academy of Art, The Hague,

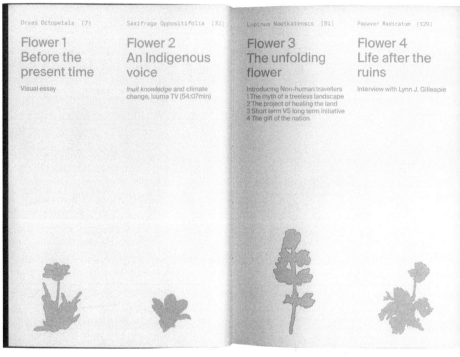

| Dryas Octopetala [7] | Saxifraga Oppositifolia [33] | Lupinus Nootkatensis [81] | Papaver Radicatum [129] |

Flower 1
Before the present time

Visual essay

Flower 2
An Indigenous voice

Inuit knowledge and climate change, Isuma TV (54:07min)

Flower 3
The unfolding flower

Introducing Non-human travellers
1 The myth of a treeless landscape
2 The project of healing the land
3 Short term VS long term initiative
4 The gift of the nation

Flower 4
Life after the ruins

Interview with Lynn J. Gillespie

Graphic Design

Klimaatverandering raakt ook het Arctisch gebied, waardoor de geografie, de biodiversiteit en de geopolitieke status van de regio onder druk staan. De ontwikkelingen die nu gaande zijn hebben wereldwijd gevolgen. Katla Taylor wil ons bewust maken van de alarmerende situatie en ons tegelijkertijd een kant van het poolgebied tonen die we nog niet kennen. Het project bestaat uit een serie posters en een boek, waarin vier inheemse bloemen uit het Arctisch gebied centraal staan. Zij nemen ons als symbolische vertellers mee in de cultuur en de natuur van het Noorden. De verhalen over het leven, de geschiedenis, veranderingen en aanpassingsvermogen bieden aanknopingspunten voor de toekomst van het gebied.

Climate change is affecting the Arctic as well, putting a strain on the region's geography, biodiversity and geopolitical status. The developments that are currently in progress have global consequences. Katla Taylor wants to make us aware of this alarming situation, while showing us a side of the polar circle that we don't yet know. Her project consists of a series of posters and a book, centred on four types of flowers that are native to the Arctic. Acting as symbolic narrators, they introduce us to the nature and culture of the North. These stories about life, history, changes and adaptability provide clues to the region's future.

Katla Taylor katlataylor.xyz

Rotkind,
Willem de Kooning Academy,
Rotterdam,
Animation Design

Rotkind by Anej Golčar (writer, director), Tatevik Martirosyan (producer, art director), Eva Schets (animator, puppet designer)
Funding: Stichting Bekker-la Bastide-Fonds

Rotkind, een korte stop-motion animatiefilm met een horror-randje, is het beklemmende werk van klasgenoten Anej Golčar, Tatevik Martirosyan en Eva Schets. De zestiger Harold woont nog steeds bij zijn bejaarde moeder Hendrina. Dit is verre van gezellig: de verbitterde moeder houdt meer van haar vazen dan van haar zoon. Harold voelt zich afhankelijk van haar en is niet in staat tot zelfstandige beslissingen. Dan bereikt hem door de muur heen een ander geluid: de opstandige, recalcitrante puberzoon van de buren. Dit wekt bij Harold het verlangen zich ook te uiten. Kort daarna sterft zijn moeder. Wat doet dit met hem?

'Rotkind' ('problem child'), a short stop-motion animated film with a touch of horror, is the haunting work of classmates Anej Golčar, Tatevik Martirosyan and Eva Schets. Harold, who is in his sixties, still lives with his elderly mother Hendrina. But it certainly isn't pleasant: the bitter mother loves her vases more than her son. Regardless, Harold depends on her and is unable to make his own decisions. Then, through the wall, he hears a sound: the neighbour's rebellious, disobedient teenage son. It arouses a desire in Harold to express himself as well. Shortly after, his mother dies. How does that affect him?

Anej Golčar, Tatevik Martirosyan & Eva Schets

anejgolcar.com
tatevikmartirosyan.com
evaschets.nl

Kenyalang Circus,

Royal Academy of Art, The Hague, Textile / Fashion Design

Photography:
Aaryan Sinha &
Maryam Touzani

Traditionele weeftechnieken en beeldcultuur uit Borneo worden in dit overweldigende eindexamenwerk gecombineerd met hedendaagse elementen. Grafisch ontwerper en textielkunstenaar Marcos Kueh is afkomstig uit het Maleisische deel van Borneo. Op zoek naar zijn identiteit presenteert hij een serie reusachtige kleurrijke doeken die exotische iconen en postkoloniale associaties met Maleisië in beeld brengen. Zijn werk is niet onopgemerkt gebleven: met het winnen van de Ron Mandos Young Blood Award 2022 wordt zijn werk onderdeel van de permanente collectie van Museum Voorlinden.

This magnificent graduation project combines traditional weaving techniques and visual culture from Borneo with contemporary elements. Graphic designer and textile artist Marcos Kueh hails from Malaysian Borneo. In search of his identity, he presents a series of huge colourful cloths that portray exotic icons and postcolonial associations with Malaysia. His talent has not gone unnoticed: as a result of winning the Ron Mandos Young Blood Award 2022, his work will become part of the permanent collection of Museum Voorlinden.

Marcos Kueh @marcoslah

Growing Urn, Willem de Kooning Academy, Rotterdam, Product Design

Photography: Evy Jolijn Deelen
Set Assistant: Nikita Zam Zam

Growing Urn gaat over tijd, emoties, reflectie, acceptatie, leven, dood en het vangen van het leven in een gepersonaliseerd product. Een urn is een rustplaats. Voor de dood leven we onze unieke levens op allerlei manieren. De Growing Urn van Evy Deelen ontstaat via een zeer traag en interactief productieproces, dat ieder uniek leven op eigen wijze weerspiegelt in de kleuren van het geprinte porselein. De benodigde persoonlijke input, gebaseerd op emoties en levenstempo, wordt verzameld via een app.

'Growing Urn' by Evy Deelen revolves around time, emotions, reflection, acceptance, life, death and capturing life in a personalised product. An urn is a final resting place. Prior to death, we live our unique lives in a variety of ways. The urn is created using a very slow and interactive process which reflects the uniqueness of each life in the colours of the printed porcelain. The necessary personal input, based on emotions and pace of life, is collected via an app.

Evy Jolijn Deelen @evyjolijndesign

A Network of Dots
and Lines,
ArtEZ University of the Arts,
Arnhem,

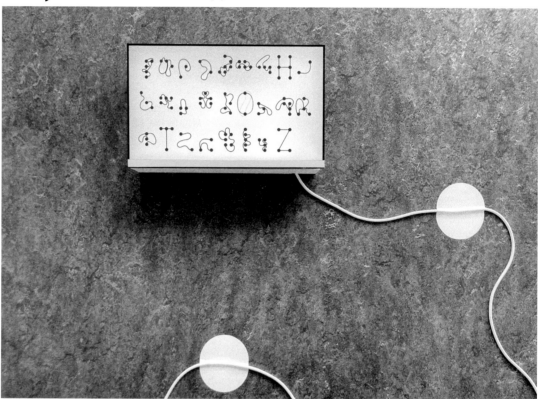

Graphic Design

Geïnspireerd door de grafentheorie uit de wiskunde heeft Michelle Schipper een systeem bedacht om letters, opgebouwd uit punten en lijnen, te transformeren naar een nieuwe lettervorm. Het geheel levert een intrigerend typografisch beeld op, dat zich als een soort codetaal laat lezen. De gecodeerde letters zijn dankzij hun kenmerkende knooppunten en lijnen ook weer terug te herleiden tot hun oorspronkelijke visuele vorm. Zo zijn meerdere visuele interpretaties van een letter mogelijk. A Network of Dots and Lines toont een vijftal alternatieve lettertypes die volgens dit ingenieuze systeem zijn ontworpen.

Inspired by mathematical graph theory, Michelle Schipper devised a system – made up of dots and lines – to transform letters into a new letterform. This ensemble creates an intriguing typographic image that reads like a coded language. Thanks to their characteristic nodes and links, the coded letters can also be traced back to their original form, allowing for multiple visual interpretations of each letter. 'A Network of Dots and Lines' portrays five alternative fonts that were designed according to this ingenious system.

Michelle Schipper

michelleschipper.nl
@michelleschipper

The Dancing Dolls,
ArtEZ University of the Arts,
Arnhem,

Product Design

Photography: Daniel Gé van der Hoek
Videoshoot: Ainslie Gilewski, Kadir Kucuk
Album produced by Jochem van der Hoek,
Jancsi Plompen, Thomas Burger, Pier Woudstra
Album mastered by Thijn Moons

The Dancing Dolls is een album met videoclips waarmee Oscar van der Laan reflecteert op de luxe digitale tijd waarin we leven, waarin je je boodschappen kunt bestellen en amusement goedkoper is geworden dan eten. Verschillende disciplines komen hier samen: kostuums – gemaakt door het snijden en buigen van schuim – decors, muziek en video; elk medium heeft zijn eigen kwaliteit. Het project is uiteraard via internet verspreid, zodat iedereen er overal van kan genieten.

'The Dancing Dolls' is an album with video clips, and a way for Oscar van der Laan to reflect on the luxurious digital times we live in, where you can order your shopping online and entertainment is cheaper than food. It brings together a variety of disciplines: costumes (made by cutting and bending foam), sets, music and video; each medium contributes something unique. The project has, of course, been published online, so that that anyone anywhere can get in on the fun.

Oscar van der Laan @klokpackprijs

Photography: Isa Defesche

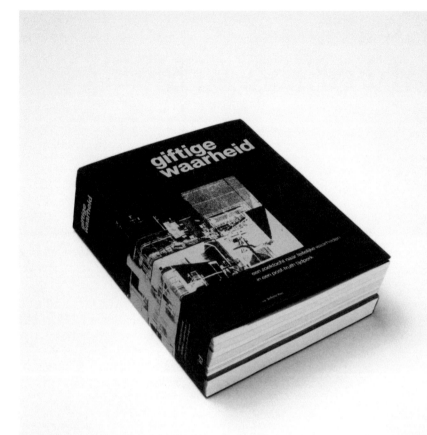

Giftige waarheid, Willem de Kooning Academy, Rotterdam, Graphic Design / Data Design

Giftige waarheid is de indrukwekkende uitkomst van een onderzoek naar de vervuiling rondom Tata Steel. Isa Defesche sprak met bewoners, verzamelde data en maakte inkt van het uitgestoten fijnstof waarmee de cover van het boek werd gedrukt. Feitelijke informatie en beeld komen zo samen in een object dat het probleem gewicht geeft. Het eindresultaat is een prachtige uitgave die onderzoekers voorziet van input en slachtoffers een stem geeft. Inmiddels is er aangifte gedaan tegen Tata Steel en is een strafrechtelijke procedure gestart, waarbij Isa's boek doorgeleid zal worden naar het Openbaar Ministerie voor het onderzoek.

'Giftige waarheid' ('toxic truth') is the impressive outcome of an investigation on the pollution caused by Tata Steel. Isa Defesche talked to local residents, collected data and used ink made from emitted particulate matter to record all of her findings in a book. Factual information and images come together in an object that gives weight to the problem. The end result is a beautiful publication that provides input to researchers and gives victims a voice. In the meantime, a claim has been filed against Tata Steel and criminal proceedings are underway. Isa's book will be passed on to the public prosecutor's office to support the investigation.

Isa Defesche
isadefesche.com
@isadefesche

De ruimte als wezen, ArtEZ University of the Arts, Zwolle, Interior Architecture

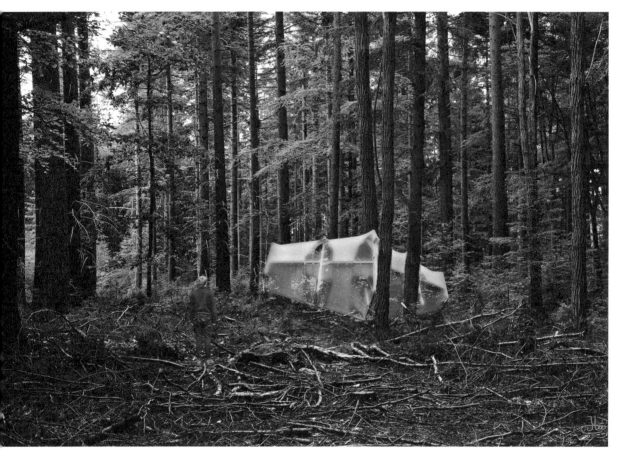

Photography:
Jessy-Lee Esselink
Model: Nol Appel

Een ruimte is voor Jessy-Lee Esselink meer dan de menselijke waarneming van de dingen in die ruimte. De ruimte is iets dat elk moment tekenen van leven kan vertonen, als je goed genoeg oplet... De ontwerper probeert ruimte dan ook vanuit een letterlijk 'wezenlijk' perspectief te benaderen en het leven aan het licht te brengen. Leven valt immers niet in hokjes te plaatsen maar moet vrij kunnen razen in al zijn prachtige chaos. Zo kan dit levende wezen ons misschien ook een nieuwe kijk op onszelf bieden.

For Jessy-Lee Esselink, space goes beyond the human perception of objects in that space. Space is something that can show signs of life at any given moment... if you pay close enough attention. In her project 'De ruimte als wezen ('space as a being'), the designer tried to approach space as if it were a literal being, and bring life to light. After all, life cannot be constrained; it must roam freely in all its beautiful chaos. Perhaps this living being can also give us a new perspective on ourselves.

Jessy-Lee Esselink @jessyesselink

Lustro,
ArtEZ University of the Arts,
Zwolle,
Animation Design

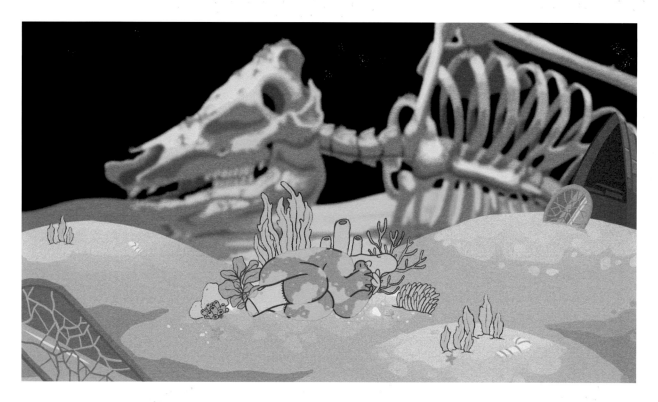

Lustro is een animatiefilm over onzekerheid: een gevoel dat niet zomaar verdwijnt, maar toch altijd wordt weggestopt. Als je worstelt met onzekerheid hoef je jezelf niet te forceren om van je lichaam te houden, is de boodschap van Lisa Reilink. Neem een warm bad, verwen jezelf, en geniet van de dingen die je dankzij je lichaam kan beleven.

'Lustro' is an animated film about insecurity: a feeling that doesn't easily disappear, yet is always hidden from sight. If you struggle with insecurity, you don't need to force yourself to love your body. That's what Lisa Reilink wants us to know. Take a warm bath, pamper yourself, and enjoy the things that you can experience thanks to your body.

Written and directed by Lisa Reilink
Animations: Lisa Reilink, Joep van Hemert and Lisanne Melchiors
Backgrounds: India de Jong and Jonathan Arkema

Lisa Reilink @lisa.reilink

Kara,
Design
Academy
Eindhoven,
Studio
Motion

Photography: Femke Reijerman
Model: Savine Schoorl

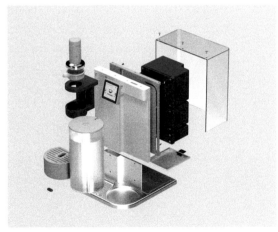

Een kapot elektrisch apparaat openen en de juiste onderdelen vervangen is een ontmoedigende taak. Dus vervang je eerder dan dat je repareert. Koffiemachine Kara van Thomas Mair breekt hiermee en laat een alternatieve manier van ontwerpen en bouwen zien: een die kijkt naar de hele levenscyclus, die onderhoud en repareerbaarheid aanmoedigt, en die zoveel mogelijk grondstoffen spaart. De voorkant van Kara is gericht op dagelijks gebruik, de achterkant communiceert over hoe onderhoud en reparatie mogelijk zijn – ook voor een leek met alleen linkerhanden. Kara is een blauwdruk voor een nieuwe ontwerpstandaard voor alle huishoudelijke apparaten waarvoor reparatie de enige logische keuze is.

Opening up a broken electronic appliance and fixing the right parts is a daunting task. So you replace instead of repair. 'Kara', a coffee maker by Thomas Mair, attempts to break that pattern by demonstrating an alternative way to design and build: one that considers the entire lifecycle, encourages maintenance and repairability, and conserves resources wherever possible. The front of 'Kara' focuses on everyday use, while the back side explains how maintenance and repair work – even for average users with two left hands. 'Kara' is a blueprint for a new design standard for household appliances – one where repair is the only logical choice.

Thomas Mair

thomasmair.works
@thomas_mair_design

UKUMANGALA,

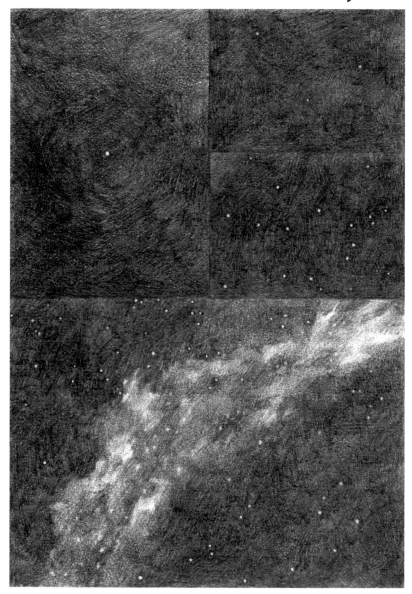

ArtEZ University of the Arts, Zwolle, Illustration Design

UKUMANGALA betekent verwondering in de taal van de Zulu. De tekeningen in de installatie van Maren Smith zijn geïnspireerd op een reis naar Zuid-Afrika. In combinatie met zelfgeschreven tekst, woorden en verhalen uit de Zulu-cultuur, de Zuid-Afrikaanse landschappen, en eigen gevoelens en fantasie, wordt verhaald over het ontstaan van een paradijs waarin verwondering over onze wereld een centrale rol speelt.

'UKUMANGALA' is the Zulu word for wonder. The drawings in Maren Smith's installation are inspired by a trip to South Africa. Combined with self-written text, words and stories from Zulu culture, South African landscapes and personal feelings and imagination, it tells a story of the creation of paradise which centres on a sense of wonder about our world.

Maren Smith
marensmith.nl
@maren._.smith

The Bittersweet Memory of the Plantation, Design Academy Eindhoven, Geo-Design / Design Research

Photography: Florian Lafosse
Model: Yannick Peria, Styling: Ismaël Moussadjee
Sponsored by Fonds Kwadraat, Kortmann Art Packers
& Shippers, Réseau Franco-Néerlandais

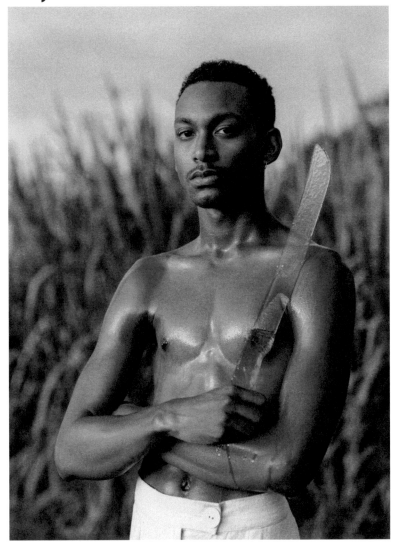

De geschiedenis en cultuur van de onderdrukten worden zelden belichaamd in materiële objecten. In de historische suikerriet-plantage Villèle bevindt zich het museum van La Réunion, waar alleen de artefacten van de vroegere meesters zijn tentoonge-steld. Maar hoe kunnen de verhalen van de slaven en contractar-beiders verteld worden als er geen objecten zijn die getuigen van hun bestaan of ervaringen? Ben Abdallah creëerde een confronterende ruimte waarin druipende suikermachetes staan tegenover de artefacten van de meesters. Hij roept de vraag op: wiens erfgoed en geschiedenis mogen worden bewaard, verteld en vereeuwigd in een museum? En hij stelt het verzamelen van niet-westerse artefacten in Nederlandse musea aan de orde.

The history and culture of the oppressed are rarely embodied in physical objects. The museum of La Réunion, located at the historic sugarcane plantation Villèle, only exhibits artifacts that belonged to the previous masters. But how can the stories of enslaved people and indentured servants be told if there are no objects that bear witness to their existence or experience? Ben Abdallah created a confrontational space that juxtaposes dripping sugarcane machetes with artifacts from the masters. He poses the question: whose heritage and history should be preserved, shared and immortalized in a museum? At the same time, he points to the issue of collecting non-Western artifacts in Dutch museums.

Yassine Ben Abdallah · yassinebenabdallah.com · 85

Photography: Osangmin Studio

Knitted Light,

Design Academy Eindhoven, Public Private

Voor Knitted Light gebruikte Sangmin Oh monofilament, een draad die uit één vezel bestaat. Het filament reflecteert licht en vormt nieuwe texturen in combinatie met andere garens. Zo maakte de toepassing van elastische garens samentrekking en uitzetting mogelijk, en dat werd de start van een reeks driedimensionale brei-experimenten samen met het TextielMuseum. Het lichtspel en de vormen van de gebreide lampen zijn geïnspireerd op de mystieke gloed van koraalriffen onder de zeespiegel. Bij daglicht lijken het sculpturen met natuurlijke kleuren, patronen en texturen. Bij kunstlicht krijgt het textiel een nieuwe schoonheid en dimensie. In de duisternis produceert het textiel een eigen licht dat lijkt op gloeiend koraal.

For 'Knitted Light', Sangmin Oh used monofilament, a single-fibre thread. This filament reflects light and creates new textures when combined with other types of thread. Incorporating elastic thread, for instance, enabled expansion and contraction, and initiated a series of three-dimensional knitting experiments in collaboration with the TextielMuseum. The play of light and the shapes of the knitted lamps are inspired by the mystical glow of coral reefs found below sea level. In daylight, they look like sculptures with natural colours, patterns and textures. However, under artificial light, they gain new dimensions and beauty. In the dark, the textile produces its own light, resembling glowing coral.

Sangmin Oh

(Osangmin Studio)
osangmin.com
@osangmin_studio

A Bear Trap in No Man's Land, Royal Academy of Art, The Hague, Graphic Design

Printing: Raddraaier, Amsterdam

Geschiedenis wordt vaak begraven in monumenten en feiten, waarbij slachtoffers worden gecategoriseerd en stilte de herinnering moet activeren. Maar terwijl monumenten, documenten en archieven pogen om zin te geven aan het zinloze, vervreemden ze ons vaak tegelijk van de context waarin het geweld plaatsvond. Julia Waraksa's boek, dat deel uitmaakt van een installatie, verweeft twee 20^e-eeuwse archieven: foto's, de registraties van feiten, en literaire reflecties op die feiten. Onder verwijzing naar Hannah Arendts filosofie over 'de banaliteit van het kwaad' stelt de ontwerper met haar indringende project ter discussie hoe feiten in geschiedschrijving worden gerepresenteerd.

History is often buried in monuments and facts, where victims are put into categories and silence is meant to activate memories. However, while monuments, documents and archives attempt to give meaning to the meaningless, they often alienate us from the context in which the violence occurred. Julia Waraksa's book, part of a larger installation, weaves together two twentieth-century archives: photographs, a record of facts, as well as literary reflections on those facts. Referencing Hannah Arendt's philosophy on the 'the banality of evil', the designer uses her poignant project to raise questions about how facts are represented in historiography.

Julia Waraksa
juliawaraksa.com
@juliawaraksa

Desi
Awa

We're somewhat overrun with design awards, both national and global. And although this may mean that you sometimes can't see the wood for the trees, it's still a good thing. They provide a frame of reference, and allow us to learn from each other's work. We cannot offer a complete overview here, and don't want to. But what we can do is introduce what intrigued us, and present the full breadth of the profession. A profession that – still – focuses on chairs and sofas. But also on books, identities, systems, our clothes, products and living environment. And that, depending on the role chosen by the designers, isn't afraid to offer comment on our society

Het wemelt van de designprijzen, nationaal en wereldwijd. Ook al zie je soms door de bomen het bos niet, toch is dit goed. Het geeft een referentiekader en maakt dat we kunnen leren van elkaars werk. Een compleet over-zicht willen en kunnen we niet geven. Wel laten we hier weer zien wat ons opviel en tonen we tegelijk de breedte van het vak. Dat zich, nog steeds, richt op stoelen en banken. Maar ook op boeken, identiteiten, systemen, onze kleding, producten en leef-omgeving. En dat, afhankelijk van de rol die de ontwerpers kozen, commentaar op onze leefwereld niet schuwt.

Selection: <u>Pao Lien Djie</u>, <u>Freek Kroesbergen</u> & <u>Barbara van Santen</u>

rds

De stoel. Het is misschien een van de meest iconische designobjecten. Van statussymbool verworden tot alledaags gebruiksvoorwerp. En andersom. Al eeuwenlang een essentieel onderdeel van de huisraad, tegelijk onderhevig aan mode. Sinds de twintigste eeuw wist menig Dutch designer er een conceptuele draai aan te geven. Voor het gemiddelde publiek is die designstoel, samen met bijzondere bijzettafels, designlampen en -vloerkleden – nog afgezien van design-badkamers, -keukens en -slaapkamers, of de designerkleding in je kast – waar zij aan denken bij de term 'design'.

De stoel is het onderwerp van een van de mooist ontworpen boeken van dit jaar. Met stoelen van Kuan-Ting Chen werd geselecteerd door de Best Verzorgde Boeken van 2022 en won vervolgens de gouden medaille van de Schönste Bücher aus aller Welt, een mondiaal eerbetoon. De stoel zelf is kapstok voor het concept, en het boek zit ongelooflijk vernuftig in elkaar – mede dankzij de Japanse bindwijze. 'Een pijnlijk goed gemaakt boek," vindt de jury, "maar het een object noemen is in dit geval juister. Het is moeilijk te geloven dat dit boek-project een studentenwerk is."

In dit katern tonen we dertig van de beste prijswinnende design-cases van dit jaar. Toch staat het boek Met stoelen daar niet tussen. Dat heeft alles te maken met onze selectiecriteria. We plaatsen geen studentenwerk, want dat is vrij werk zonder opdrachtgever. Zoals we ook niet-uitgevoerde concepten buiten beschouwing laten. Design is een toegepast vakgebied, en heeft rekening te houden met de wensen van de markt en de randvoorwaarden die de ontwerpcasus met zich meebrengt. De toegevoegde waarde van het werk voor de beoogde doelgroep is dan ook het eerste criterium dat we hanteerden. Daarnaast keken we naar de originaliteit van het concept, en naar de kwaliteit van de uitvoering. We keken welke nationale en internationale designprijzen ertoe doen. En we streefden naar een goede balans tussen de vele mogelijke ontwerpdisciplines en specialisaties.

Dat is een ingewikkeld streven, maar belangrijk. We willen met onze selectie vooral benadrukken waar het vak voor staat. Design is overal. Het designvak is breed, de grenzen ervan vervagen en zijn ook steeds minder belangrijk. Het gaat minder om luxe stoelen of mooie boeken, en meer om digitaal activisme, om ef-fectieve identiteiten, om een duurzame en circulaire leefomgeving, om virtuele fashion, om landbouwmachines, cadeauverpakkingen, indringende geschiedver-telling, politieke satire of het veranderen van rigide systemen. Het gaat kortom om de waardevolle bijdrage die designers leveren aan merken, mensen of onze maatschappij. En soms is dat toch een stoel. Met statiegeld.

The chair. Perhaps one of the most iconic design objects. Degraded from a status symbol to an everyday object. And back again. For centuries, it has been an essential piece of furniture, and also subject to fashion. Since the 20th century, many a Dutch designer has given the chair a conceptual twist. Ask the average Joe or Jane what the term 'design' brings to mind and chances are they'll say the designer chair, together with unusual side tables, designer lamps and rugs, not to mention designer bathrooms, kitchens or bedrooms, nor designer clothing.

Words:
Freek Kroesbergen

The chair is the subject of one of this year's best designed books. 'Met Stoelen' ('With Chairs') by Kuan-Ting Chen was selected by the Best Dutch Book Designs 2022 and went on to win the gold medal at the Schönste Bücher aus aller Welt, a global accolade. The chair itself is a stepping stone for the concept, and the book is ingeniously put together – partly due to the Japanese manner of binding. 'A painfully well-made book,' the jury thinks, 'but calling it a book object is more accurate in this case. It is hard to believe that this book project is a student work.'

In this section, we introduce thirty of the best award-winning design cases from this year. And yet the book 'Met Stoelen' is not one of them. That's down to our selection criteria. We do not feature work by students, as that is independent, uncommissioned work. In the same way that we also leave unexecuted concepts out of consideration. Design is an applied professional field, and has to consider what the market wants and the preconditions associated with the design case. As such, the added value of the work for the intended target group is our first criterium. We also considered the originality of the concept, and the quality of the execution. We considered which national and international awards are of consequence. And we endeavoured to find a sound balance between the many possible design disciplines and specialisations.

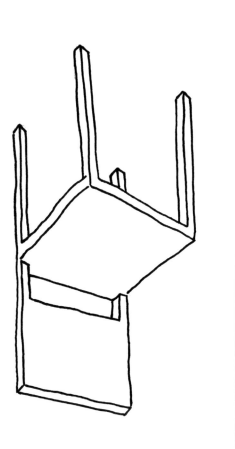

Illustrations: 'Una silla, sólo eso' by Can Lejárraga, technical pen on paper (2021), from 'Met stoelen' by Kuan-Ting Chen (2021)

That is a complicated, yet important, endeavour. With our selection, we primarily want to emphasise what the profession stands for. Design is everywhere. The design field is immense, its boundaries are blurring and are increasingly losing importance. It's less about luxury chairs or exquisite books, and more about digital activism, effective identities, a sustainable and circular living environment, virtual fashion, agricultural machinery, gift packaging, compelling historiography, political satire or disrupting rigid systems. In short: it's about the valuable contributions that designers make to brands, people or society. And sometimes it is, in fact, a chair. With a deposit.

Design Awards

REX, Ineke Hans for Circuform (2021)
Photography: Annegien van Doorn

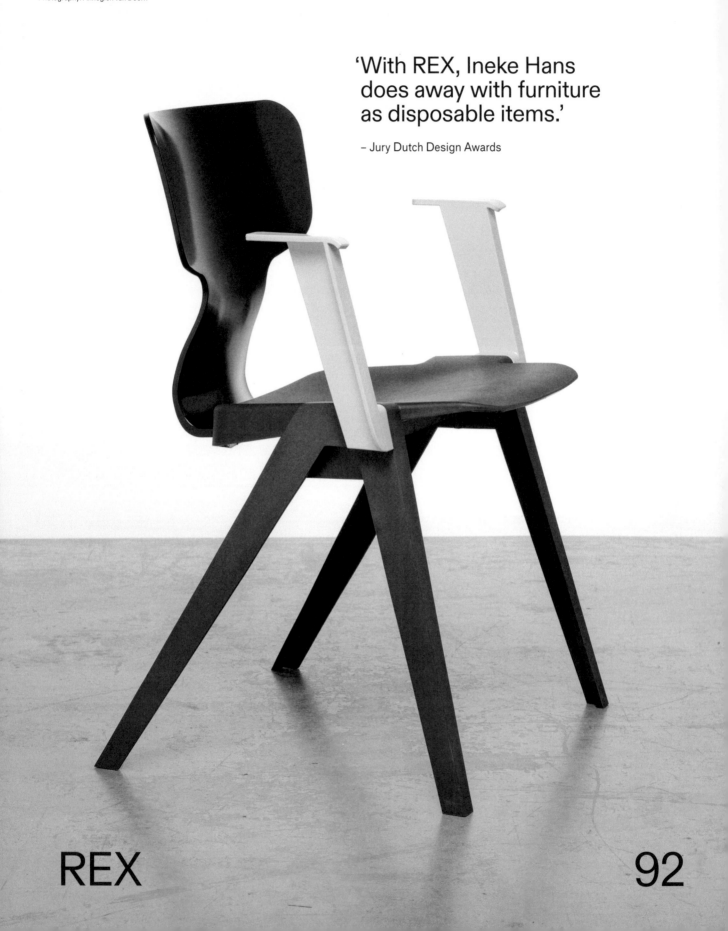

'With REX, Ineke Hans
does away with furniture
as disposable items.'

– Jury Dutch Design Awards

REX

Milieubewust, de Volkskrant (10 May 2022)
Illustration: Jip van den Toorn

'The illustrator effectively and humorously criticises the hypocritical behaviour of the environmentally aware. This exquisite drawing will surely raise a smile, but it also demands self-reflection.'

– Jury Inktspotprijs

Milieubewust

MAISON the FAUX

'MAISON the FAUX's radically democratic work is lovingly anarchic and generous. This is contemporary design that allows everyone to shine in the limelight.'

– Jury Cultuurfonds Mode Stipendium

95

Performer: Arno Verbruggen
Photography: Woody Bos

Installation and design: Noa Jansma
Photography: Iris Rijskamp

'Noa Jansma uses Buycloud
to ridicule the system itself
and make you think about
the major issues of our time.'

– Jury Dutch Design Awards

Buycloud

'Owing to its relevance to the
typographical field, the selection would
not have been complete without this
thoroughbred type specimen book.'

– Jury Best Verzorgde Boeken

Nespor–R, A3, gel pen
and spray can on paper (2019)
Design: Daan Rietbergen

Living Coffin

'By choosing this coffin made from fully biological, fast-growing, and highly sustainable materials, the deceased makes a parting contribution to carbon reduction and soil enrichment, while poetically embracing the cyclical nature of all life.'

– Jury iF Design Awards

LOOP BIOTECH — BOB HENDRIKX

"Toen ik als architect afstudeerde aan de TU Delft en vrienden kozen voor een 'normale' baan, liet ik bij mijn ouders thuis doodskisten groeien", zegt biodesigner, uitvinder en architect Bob Hendrikx, de bedenker van de levende doodskist van mycelium, de Loop Living Cocoon®. "Ik heb mijzelf een jaar de tijd gegeven om in elk geval één iemand in mijn kist te laten begraven. Als dat niet zou lukken zou ik ook een normale baan gaan zoeken."

Het incubatorprogramma YES!Delft stelde Hendrikx in staat om een prototype te maken. Hij stuurde flyers rond en de volgende dag al belde iemand of hij per direct een kist kon leveren. Op dat moment sloeg de chaos toe: het prototype was nog niet getest. De ontwerper probeerde de draagconstructie uit met zijn ouders die als 'dode' proefpersonen fungeerden. Hij verdiepte zich in de praktische processen van een uitvaart, in vorm en maatvoering, en maakte een handleiding. De rest is geschiedenis. Inmiddels heeft Hendrikx vijftien man in dienst, zijn 300 Loop Living Cocoons geleverd, is het bedrijf aan het opschalen en gaat hij samenwerkingen aan in Europa. "Ik ben hard aan het rennen. Alles is nu chaos."

LOOP BIOTECH — BOB HENDRIKX

'When I finished my architecture degree at TU Delft and all my friends found "normal" jobs, I starting growing coffins at my parents' house, says biodesigner, inventor and architect Bob Hendrikx, creator of the living coffin made of mycelium: the Loop Living Cocoon®. 'I gave myself a year to have at least one person buried in my coffin. If that didn't work out, I would have to look for a regular job.'

The YES!Delft incubator programme enabled Hendrikx to make a prototype. He distributed some flyers and the next day someone called to ask if he could deliver a coffin immediately. That's when chaos struck – the prototype had not yet been tested. The designer tried out the load-bearing capacity using his parents as 'dead' test subjects. He immersed himself in the practical processes of funerals in terms of shape and dimensions, and created a manual. The rest is history. Hendrikx now employs a team of 15, has delivered 300 Loop Living Cocoons, is scaling up production capacity to 800 coffins per month, and is pursuing partnerships throughout Europe. 'I'm running at full speed. Everything is chaotic.'

Photography: Studio Hendrikx

99

Design: Ruben Pater
Photography: Valiz

'With CAPS LOCK, Ruben Pater has succeeded in making an unmistakable statement about the communication profession on a global scale.'

– Jury Dutch Design Awards

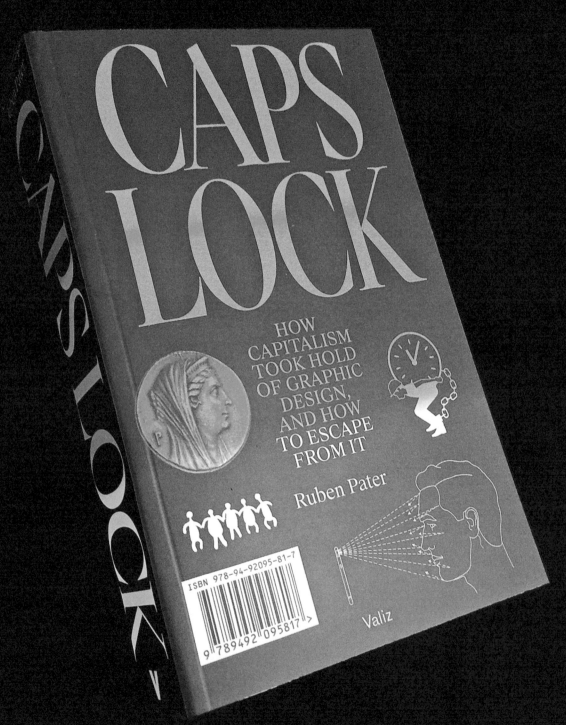

CAPS LOCK

Flutterwave

'The biggest result is the clarity that the new identity brings to our people, customers and products. I look forward to seeing how the world will interact with our brand.'

– Ted Odalele, Flutterwave Head of Design

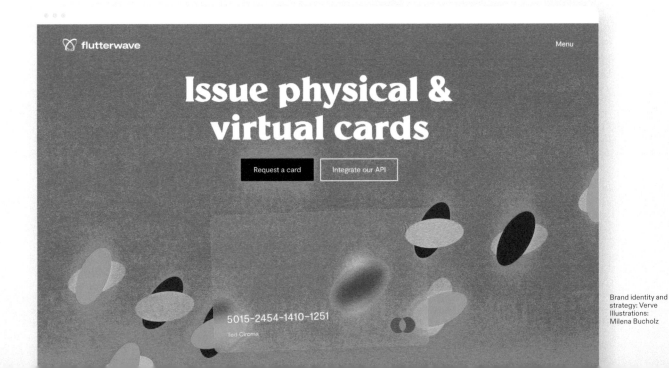

Brand identity and strategy: Verve
Illustrations:
Milena Bucholz

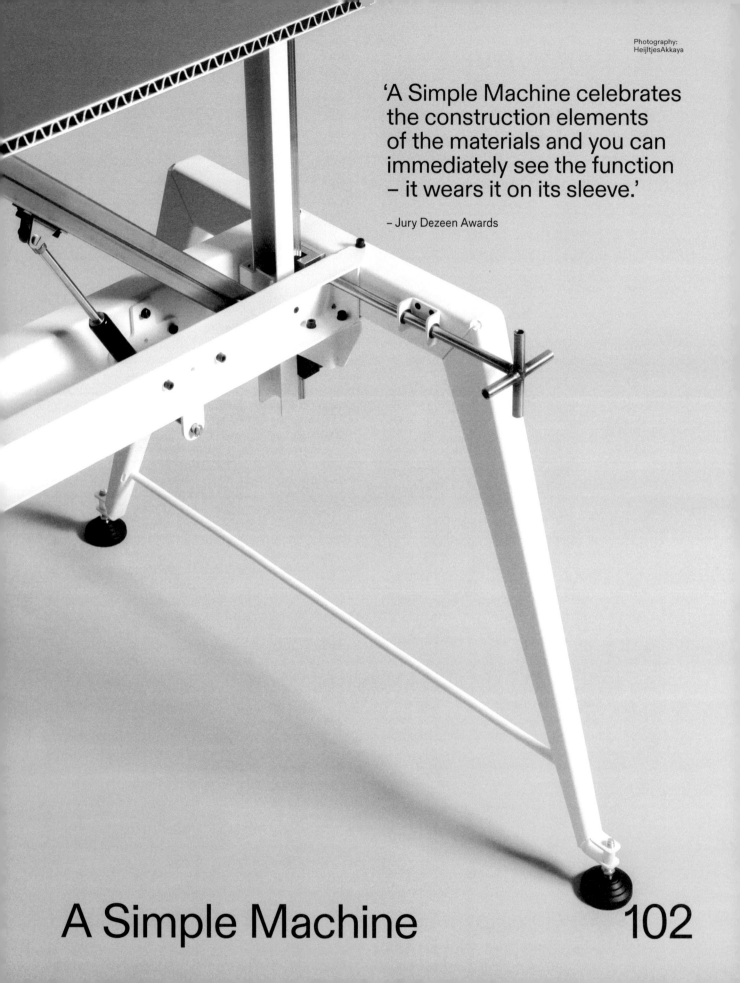

Photography:
HeijltjesAkkaya

'A Simple Machine celebrates
the construction elements
of the materials and you can
immediately see the function
– it wears it on its sleeve.'

– Jury Dezeen Awards

A Simple Machine

102

'The Museum of the Mind
explores the nature of the human
mind in a uniquely innovative
way and epitomises the power
of museums in the social fabric.'

– Jury EMYA

Design: Kossmanndejong
Photography: Thijs Wolzak

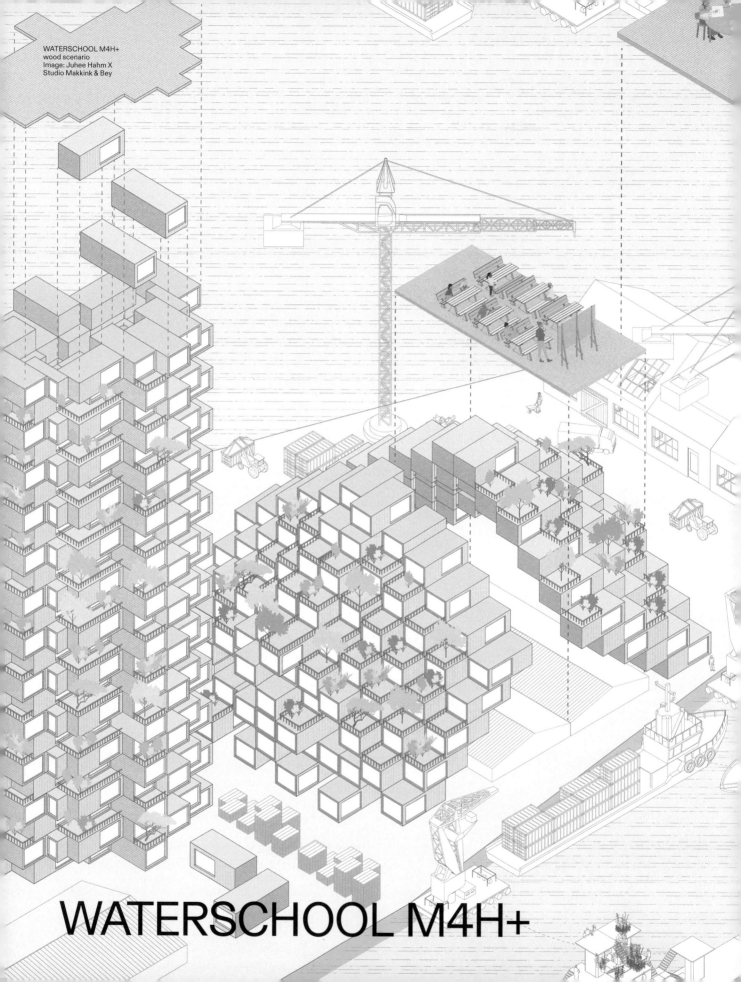

WATERSCHOOL M4H+
wood scenario
Image: Juhee Hahm X
Studio Makkink & Bey

WATERSCHOOL M4H+

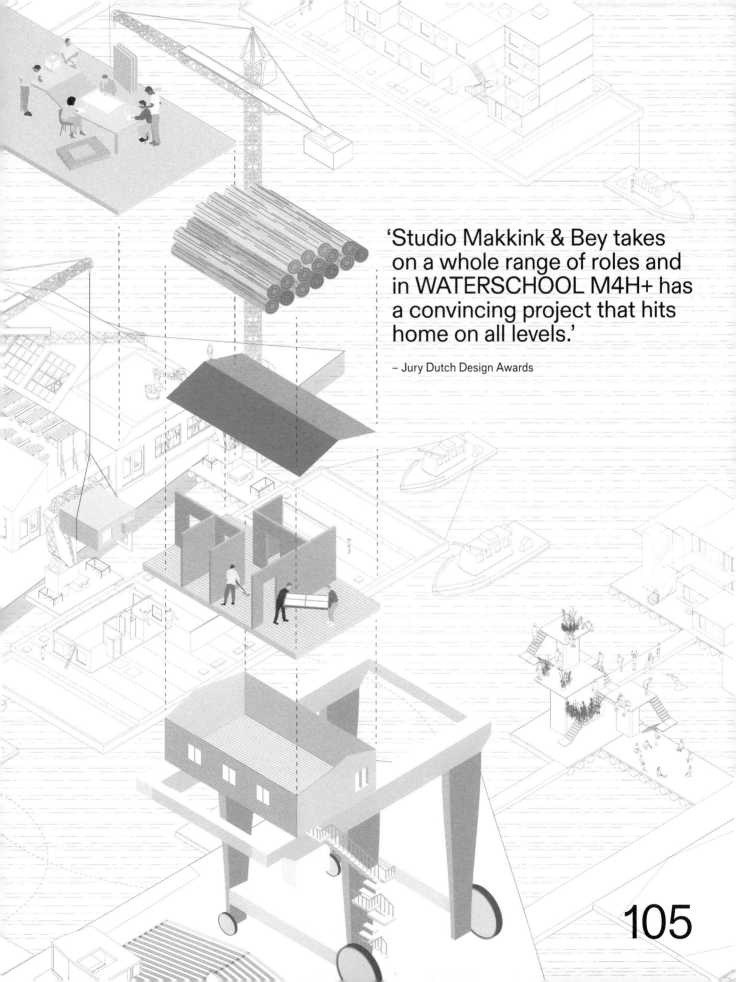

'Studio Makkink & Bey takes on a whole range of roles and in WATERSCHOOL M4H+ has a convincing project that hits home on all levels.'

– Jury Dutch Design Awards

Collier Okraai Klara (2010)
Design: Chequita Nahar

Chequita Nahar

CHEQUITA NAHAR

"Je hebt chaos in je hoofd nodig om orde te brengen in het maken", zegt de Nederlands-Surinaamse sieraadontwerper Chequita Nahar tegen zowel zichzelf als haar studenten op de kunstacademie in Maastricht. Maar naast de wirwar aan ideeën en beelden in haar hoofd komen er soms ernstige onvoorziene persoonlijke zaken voorbij. Ook dan kan chaos ontstaan.

Nahar gebruikt voor haar sieraden vaak verschillende materialen zoals porselein, hout, zilver, katoen en touw. Voor de groepstentoonstelling 'When Things Are Beings' in het Stedelijk Museum Amsterdam wilde ze weer eens met het magische materiaal glas werken. Toen ze in de glasblazerij in Leerdam bij het vuur van de oven klaarstond met haar ontwerpen voor de te blazen glasobjecten, kwam er een telefoontje dat een vriend ernstig ziek was. "Glasblazer Gert Bullée stond op het punt te beginnen, en ik zag plots dat de ontwerpen die ik had geschetst niet klopten met wat ik voor ogen had. Ik ben toen gaan zitten kijken hoe hij het materiaal met zijn handen stuurde. Dat is een bijna meditatief proces, dan ontstaat vanzelf weer verstilling en orde", zegt ze.

In haar eigen atelier is het zaak alles eerst op te ruimen, materiaal bij materiaal, tot de tafel leeg is. Dat zorgt voor de orde en rust die nodig zijn voor een vrij creatief proces en goede besluiten.

'Chequita Nahar is a major voice in the contemporary jewellery scene and an important promotor of diversity and inclusion in art education.'

– Jury Françoise van den Bosch Prijs

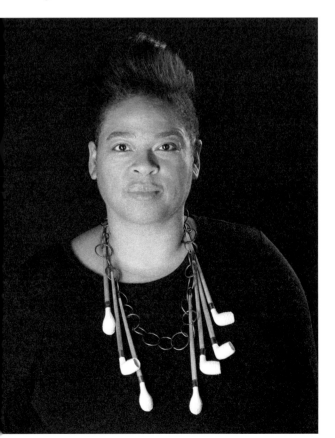

CHEQUITA NAHAR

"You need chaos in your head to bring order to the creative process.' That's what Dutch-Surinamese jewellery designer Chequita Nahar tells herself as well as her students at the art academy in Maastricht. But alongside the tangle of ideas and images in her head, serious unforeseen personal matters can also come up. And that, too, can give rise to chaos.

Nahar often uses a variety of materials to create her jewellery, such as porcelain, wood, silver, cotton and rope. For the group exhibition 'When Things Are Beings' at the Stedelijk Museum Amsterdam, she wanted to work with the magical material glass once again. However, while she was standing by the fire of the furnace ready for her designs to be turned into glass objects at the glassworks in Leerdam, she received a call saying her friend was seriously ill. 'Glassblower Gert Bullée was just about to start, and I suddenly realised the designs I had sketched didn't match what I had in mind. But I still sat down to watch how he guided the material with his hands. It's an almost meditative process that creates stillness and order', she says.

Back in her own studio, it's essential to tidy up everything first, one material at a time, until the table is empty. It provides the order and tranquillity she needs to freely create and make good decisions.

107

'It's a super sexy and
innovative product
and it's easy to set up.'

– Derrick Neleman, CEO Neleman

Design: Morrow X Hack the Planet X Q42
X Joep le Blanc X Jonas Devacht

'Victim Support Fund and Morrow touch upon the core of design as a strategy with WTFFF!?, connecting young people and helping them start a conversation about online sexual abuse.'

– Jury Dutch Design Awards

WTFFF!?

'MVRDV's striking design means that Rotterdam really has a new urban icon in the Depot Boijmans Van Beuningen; a special ode to heritage and public space.'

– Jury Dutch Design Awards

Depot Boijmans Van Beuningen

111

'Our canned classics
are the perfect addition
to any celebration.'

– Williams Cocktails

Photography: Adinda de Boer

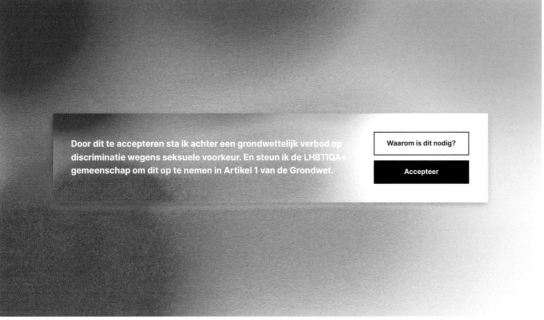

Images: Mike Kleijnen and Geurt van Donkelaar, N=5

'We work together to ensure that in 50 or 100 years' time, the rainbow community will still be able to enjoy their hard-fought rights.'

– COC Nederland

'A magnificent and fascinating book that plays with a range of conventions of text, visuals and design.'

–Jury Gouden Penseel

Illustration: Raoul Deleo
Compilation: Noah J. Stern

'The SELECTOR180 translates complex technology on the inside into a reduced language of form that gives precision agriculture a contemporary appearance.'

– Jury Red Dot Awards

SELECTOR180

115

The Uncensored Library

'An aesthetic, functional and thoughtful piece of work for Reporters Without Borders that illustrates the power of gaming beyond interactive entertainment.'

– Ben Furneaux, Jury D&AD Awards

Photography: Roze Ahmad

'With the Utopia Ball, Yamuna Forzani takes ballroom out of the niche market and connects with a much wider audience, whereby she touches upon the essence of fashion as empowerment.'

– Jury Dutch Design Awards

The Utopia Ball x Fashion Show

'Zestig lentes'
© 2022 Dupuis
Images: Aimée de Jongh
X Ingrid Chabbert

'Like no other, Aimée de Jongh knows how to use her talent and skilfulness to take the medium of comics to a higher level.'

– Jury Stripschapprijs

Aimée de Jongh

Kamp Amersfoort

Photography:
Mike Bink

TINKER IMAGINEERS — PAUL VAN HOUTEN

Architectenbureau Inbo was al langer met Kamp Amersfoort in gesprek over een nieuw museumgebouw. Experience-designbureau Tinker imagineers zou de ruimtes inrichten. "Wij zagen een mooi herontwerp van het gebouw, maar misten de aandacht voor de mens", zegt ruimtelijk ontwerper Paul van Houten van Tinker. "Het gaat ten slotte over de gevangenen in dit concentratiekamp tijdens de Tweede Wereldoorlog. Ook de binnenplaats was benaderd als een architectonische ruimte, terwijl op die plek het appel was waar de gevangenen werden gestraft," vertelt hij.

Tinker imagineers wilde het project – dat al jaren gaande was – omgooien en na lang overleg werd unaniem besloten helemaal opnieuw te beginnen. Het gebouw met museum werd ondergronds geplaatst en verbonden met de erboven gelegen binnenplaats. "Uit chaos ontstaat iets nieuws en goeds", zegt Van Houten. "Het werd een gesamtkunstwerk tussen de architect, de landschapsarchitect Juurlink+Geluk en Tinker imagineers."

Het appel werd leidend en definieert de ruimte. Hoe de gevangenen stonden en liepen verbeeldde het bureau met vensters in de vorm van voetstappen, die bezoekers beneden door het plafond zien oplichten. "We zijn een jaar bezig geweest om alles op elkaar af te stemmen. Toch ontstond opnieuw een chaotisch moment; het concept bleek constructief te duur. Dat hebben we opgelost door te kiezen voor glimmende tegels met matte voetstappen en beneden in het museum glimmende voetstappen op matte tegels. Met lichtarmaturen is hetzelfde effect nagebootst. Ook hier leverde chaos een voordeel op: we hadden nu de regie over licht en donker."

'Powerful experience that is likely to shape lives and people's understanding of history. Very well done.'

– Jury WIN Awards

TINKER IMAGINEERS — PAUL VAN HOUTEN

Architecture firm Inbo had been in talks with Kamp Amersfoort about a new museum building for some time. Experience design agency Tinker imagineers would be responsible for the interior design. 'We saw a beautiful redesign of the building, but it was lacking the human element', says Paul van Houten, Tinker's spatial designer. 'After all, it's about the prisoners who were held in this concentration camp during World War II. Even the courtyard was treated as an architectural space, yet in fact it was the place where the prisoners were gathered to be punished', he explains.

The project had been in progress for years, but Tinker imagineers wanted to take it in a different direction – creating chaos for everyone involved. After much deliberation, they unanimously decided to start again from scratch. The museum building would be placed underground and connected to the courtyard above. 'Something new and good arose from the chaos', Van Houten says. 'It became a gesamtkunstwerk between the architect, landscape designer Juurlink+Geluk and Tinker imagineers.'

The courtyard area became leading and defined the space. The agency portrayed how the prisoners stood and walked with windows in the shape of footprints, which visitors below could see lit up through the ceiling. 'It took us a year to coordinate everything. But then we faced another chaotic moment: the construction of the concept was too expensive. We solved that by using shiny tiles with matt footprints, and then shiny footprints with matt tiles in the museum below. So in the end, we simulated the same effect with light fixtures. Here too, chaos offered an advantage: we now had control over light and dark.'

121

Piet Oudolf

'Oudolf's gardens show us
all how light moulds colours
and truly brings them to life.'

– Jury Sikkens Prize

'Martina Huynh and Jonas Althaus are impressive as critical, young designers who design in a very physical and interactive way and have an exceptionally strong sense of communication.'

– Jury Dutch Design Awards

4-D News, Z33, Hasselt (2019)
Photography: Selma Gurbuz

Design: Bart de Baets
Photography: Valiz

'To garden is to enter into an active dialogue with living material [...] and we sense this on every page.'

– Jury Best Verzorgde Boeken

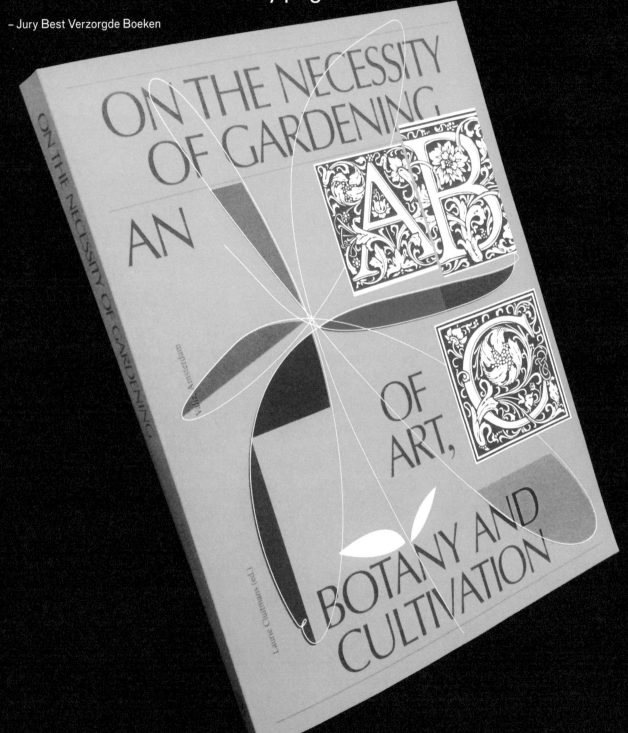

On the Necessity of Gardening

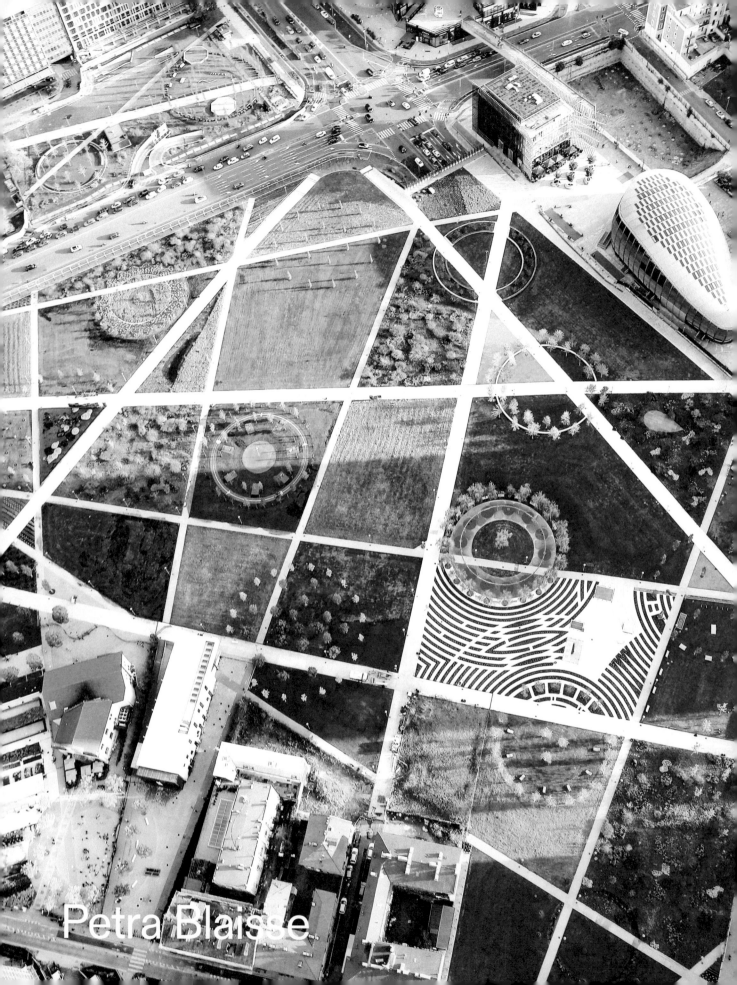

Petra Blaisse

PETRA BLAISSE

Het oeuvre van interieurontwerper, landschapsarchitect en tentoonstellingsmaker Petra Blaisse is rijk en impactvol. Zoals het stadspark Biblioteca degli Alberi in hartje Milaan, een echte tour de force. Met het parkconcept won Blaisses bureau Inside Outside in 2003 de competitie Giardini di Porta Nuova, samen met partner Jana Crepon, stedenbouwkundige Mirko Zardini en architect Michael Maltzan. In 2010 gaf de gemeente Milaan de opdracht voor het daadwerkelijke ontwerp van het stadspark, de beplanting en de infrastructuur op dit verwaarloosde stuk grond.

"Het was een zeer complexe opgave omdat we met veel partijen en stakeholders te maken kregen – de opdrachtgever, het gemeentelijk stedenbouwkundig team, en de ontwikkelaars van het gebied eromheen – maar ook met veranderende budgetten, regelgeving en politieke krachten, vervuilde grond en een complexe 'ondergrondse wereld': een wirwar van trein- en metrotunnels, nooduitgangen, ontluchtingsschoorstenen, kabels en leidingen, die bereikbaar moesten blijven", zegt Blaisse.

Om 'orde in de chaos' te scheppen wilde Inside Outside de plek en situatie analyseren voordat het ontwerpcontract ondertekend kon worden. "Wij spraken belanghebbenden en omwonenden, en gaven presentaties om ons ontwerp over te brengen en iedereen mee te krijgen. Daarbij had je ook nog te maken met een cultuurverschil: de indirecte manier van communiceren van de Italianen", zegt ze. "Als 'creatieven' moet je niet alleen doorzettingsvermogen hebben, maar ook over een dosis diplomatie, humor, geduld en veerkracht beschikken. We hielden de essentie van ons plan goed vast en bleven volhardend genoeg om de vaart erin te houden zonder te pushen."

'Petra Blaisse seemingly moves effortlessly between scales, disciplines and materials, elevating the 'public interior' to new heights.'

– Jury ARC22 Award

PETRA BLAISSE

Interior designer, landscape architect and exhibition maker Petra Blaisse's body of work is rich and impactful. Like the Biblioteca degli Alberi park in the heart of Milan – a real tour de force. With the concept for the park, Blaisse's agency Inside Outside won the Giardini di Porta Nuova competition in 2003, together with her business partner Jana Crepon, urban planner Mirko Zardini and architect Michael Maltzan. In 2010, the city of Milan commissioned her to actually design the city park, landscaping and infrastructure on a neglected plot of land.

"It was a very complex job because we had to deal with so many parties and stakeholders – the client, the city's urban planning team and the developers of the surrounding area – but also with changing budgets, regulations and political forces, as well as contaminated land and a complex 'underground world': a maze of train and metro tunnels, emergency exits, ventilation ducts, cables and pipes that all had to remain accessible', Blaisse says.

To create order out of chaos, Inside Outside wanted to analyse the location and situation before signing the design contract. 'We talked to stakeholders and local residents, and gave presentations to explain our design and get everyone on board. We also had to get used to cultural differences: Italians communicate in a very indirect way, she says. 'As "creatives", you not only need to have perseverance, you also need a healthy dose of diplomacy, humour, patience and resilience. We successfully held on to the essence of our plan and were persistent enough to maintain the momentum without being pushy.'

Design: Momkai
Illustration: Cléa Dieudonné

'Without our own app, we are solely
reliant on third-party platforms.
With our own app, we can offer
you a more privacy-friendly way to
listen to our stories.'

– Ernst-Jan Pfauth,
  Co-founder De Correspondent

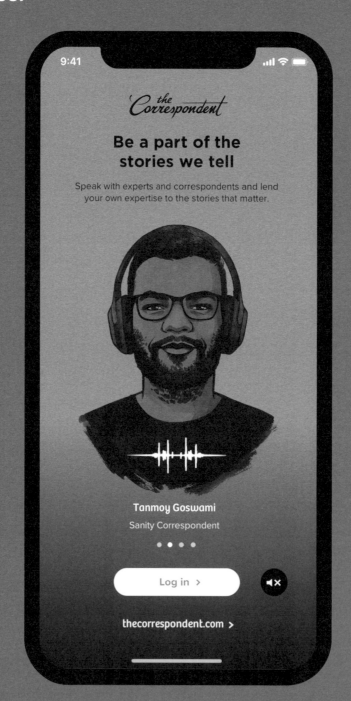

De Correspondent
Audio App

'Most of the judges would purchase the NFT because of the cause alone, but the 'patchworks' are genuine collectibles. [...] This is a project with real purpose.'

– Dutch Creativity Awards Jury

Patchwork Kingdoms

129

National Holocaust Names Memorial

'Despite its modest physical size, the impact of this project reaches far beyond the city limits [...] and offers space for encounters, contemplation and education.'

– Jury Amsterdamse Architectuurprijs

Design: Studio Libeskind X Rijnboutt
Photography: Kees Hummel

Rex is een duurzame en geheel recyclebare heruitgave van een prijswinnend ontwerp uit 2011. De stapelbare stoel is samengesteld uit het nylon van kantoorstoelonderdelen, visnetten en tapijt. Deze herintroductie is circulair in ieder opzicht. Wie Rex inlevert ontvangt € 20 statiegeld, waarna de stoel wordt gerepareerd of opnieuw als grondstof kan dienen. Een primeur en een serieuze aanmoediging tot recycling voor projectinrichters en andere afnemers.

REX is a sustainable and fully recyclable reimagining of the award-winning 2011 design. The stackable chair is made from nylon salvaged from office chair components, fishing nets and carpet. The traces of reuse make each item unique. Every aspect of this reintroduction is circular. Everyone who returns REX receives € 20 back, and the chair is subsequently repaired or reused as a raw material. A world first and a serious incentive for project designers and other users to recycle.

Hoewel ze zich bewust zijn van de klimaatproblematiek, vinden veel mensen het toch lastig om ernaar te handelen. De tekening Milieubewust, verkozen tot beste politieke tekening van het parlementaire jaar, verbeeldt dit hypocriete gedrag. Net als Brenda uit de tekening, hebben milieubewuste mensen vaak last van vliegschaamte, maar kunnen ze het vliegen desondanks vaak niet laten. Van den Toorn maakte deze prijswinnende tekening als eerste in een reeks dinsdagbijdragen voor de Volkskrant, waarin de menselijke reactie op het nieuws het leidende thema is. De illustrator is behalve de jongste ook de eerste vrouwelijke winnaar van deze prijs.

While many people are aware of climate challenges, they still have difficulty doing the right thing. The drawing Milieubewust (Environmentally Aware), selected as the best political drawing of the parliamentary year, visualises this hypocritical behaviour. Just like Brenda in the drawing, environmentally aware people often feel flight shame, but are nevertheless unable to live without flying. This award-winning drawing was the first in a series of Tuesday contributions for de Volkskrant newspaper exploring the human response to the news. Van den Toorn is not only the youngest illustrator to win the award, she is also the first ever female winner.

Aanvankelijk begonnen ontwerpers Joris Suk en Tessa de Boer MAISON the FAUX als modemerk samen met een aantal andere collega's. Vanuit deze ontwerpstudio ontwierpen ze genderneutrale, extravagante modecollecties waarin ze haute couture en streetwear combineerden en individuele expressie en inclusie vierden. Ze profileerden zich als een groot internationaal modehuis en namen de modewereld en haar publiek met humor en zelfspot op de hak. Inmiddels ontwerpen ze als duo alleen op nog op verzoek kostuums en gelegenheidskleding. Hun engagement en diepgewortelde liefde voor mode zetten ze in voor energieke multidisciplinaire performances, de FAUXperiences, en voor hun bloeiende praktijk als tentoonstellingsontwerpers.

Designers Joris Suk and Tessa de Boer initially started MAISON the FAUX as a fashion label together with several colleagues. This design studio concocted gender neutral, extravagant fashion collections combining haute couture and streetwear, and celebrating individual expression and inclusion. The studio presented itself as a major international fashion house, playfully ridiculing the fashion world and its public with humour and self-mockery. As a duo, Suk and De Boer now only design commissioned outfits and formal dress. They utilise their engagement and deep-rooted love of fashion for energetic multidisciplinary performances, the FAUXperiences, and for their flourishing practice as exhibition designers.

BUYCLOUD
Design: Noa Jansma
Programming: Andre Fincato and Marco Tiberio
Graphic design: Dominik Vrabič Dežman
Award: Dutch Design Award 2022
Category: Data & Interaction
Website: buycloud.space

NESPOR
Design: Daan Rietbergen
Printing: Pantheon Drukkers
Binding: Josuma Grafische Afwerking
Award: Best Verzorgde Boeken 2021
Additional awards: Type Directors Club Award
2022 / Communication Design
Lithography: Marc Gijzen
Website: daanrietbergen.com

LIVING COFFIN
Design: Bob Hendrikx (Loop Biotech)
Award: iF Design Award 2022 / Gold
Category: Product
Additional awards: Green Product Award
2022, Philips Innovation Award 2021
Website: bobhendrikx.com
loop-biotech.homerun.co

Noa Jansma verkoopt wolken. Kopers van Buycloud zien elke stap in het verkoopproces gerechtvaardigd door wetten, methoden, concepten of filosofieën zoals daadwerkelijk aanwezig in onze samenleving. Dit gelaagde onderzoek naar het vermarkten van iets natuurlijks als wolken in de lucht, becommentarieert ook thema's als kolonisatie, klimaatverandering en buitenaardse bezetting. Jansma steekt op originele manier de draak met bestaande conventies en adresseert vanuit een eenvoudig gegeven actuele ontwikkelingen en vraagstukken.

Noa Jansma sells clouds. For Buycloud buyers, each step of the sales process is legitimised by actual laws, methodologies, concepts or philosophies prevalent in our society. This layered research into the marketisation of a natural phenomenon like clouds in the sky also reflects on themes including colonisation, climate change and extraterrestrial occupation. Jansma has found an original means of poking fun at existing conventions and using a comprehensible theme to address current developments and issues.

In deze letterproef toont zich de wordingsgeschiedenis van de Nespor, een analoog getekende letter waarvoor de ontwerper zich liet inspireren door graffiti. De foto's van de posters met losse letters in het straatbeeld sluiten daar mooi bij aan. Het boek volgt nauwgezet het proces dat Rietbergen van 2018 tot 2021 doorliep; van de eerste schetsen tot en met het eindresultaat. Het raster waaruit de letter is opgebouwd komt terug in de basislay-out van het binnenwerk. Bij het uitklappen van het boek ontstaat hetzelfde vierkant dat uitgangspunt was voor de letter, waardoor inhoud en vorm van het boek mooi samenvallen.

This type specimen book covers the history of Nespor, a handmade font that takes inspiration from graffiti. The photographs of posters featuring individual letters in public spaces nicely tie into the theme. The book closely follows the process that Rietbergen went through between 2018 and 2021 – from the first sketches to the final result. The grid used to create the letter type is also reflected in the layout of the book's interior. When opened, the book creates the same square the forms the basis of the font, cleverly uniting the book's subject matter with its form.

De Living Coffin is gegroeid van paddenstoelen en daarmee de eerste levende doodskist ter wereld. De recyclerende eigenschappen van de paddenstoelen waaruit de kist bestaat, komen hierin optimaal tot hun recht. Hij groeit in zes dagen en is in slechts 45 dagen biologisch afbreekbaar. Daarnaast zet de kist het menselijke lichaam, inclusief gifstoffen, om in voedingsstoffen voor nieuw leven. Regulier begraven is behoorlijk vervuilend, maar omhuld door deze doodskist draag je fysieke lichaam in positieve zin bij aan de ecologische kringloop en kan je milieubewuste geest in vrede rusten.

The Living Coffin is grown from mushrooms – making it, as the name implies, the world's first living coffin. Here, the recycling abilities of the mushrooms that form the coffin come into their own. The coffin can be grown in six days, and takes just 45 days to decompose. In addition, the coffin transforms the human body, including toxins, into nutrients that support new life. Standard burial practices are generally quite polluting, but encased in this coffin, your physical body can make a positive contribution to the ecological cycle, enabling your environmentally conscious soul to truly rest in peace.

Design Awards

133

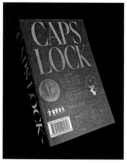

CAPS LOCK
Design: Ruben Pater
Commission: Valiz
Award: Dutch Design Award 2022
Category: Communication
Additional awards: Best Verzorgde Boeken
Studentenselectie 2022
Website: untold-stories.net
valiz.nl

FLUTTERWAVE
Design: Verve
Strategy: Anne Miltenburg
Illustrations: Milena Bucholz
Motion design: Coen Rens
Commission: Flutterwave
Award: European Design Award 2022 / Silver
Category: Digital Identity Applications
Additional Awards: European
Design Award 2022 / Bronze
Website: verveagency.com

In deze publicatie ontrafelt ontwerper en auteur Ruben Pater aan de hand van talloze rijk geïllustreerde voorbeelden hoe grafisch ontwerp en kapitalisme met elkaar zijn verweven. Zonder zich veel aan te trekken van de maatschappelijke en ecologische gevolgen, is het kapitalistische systeem vooral gericht op economische groei. Grafisch ontworpen producten als bankbiljetten, interfaces en huisstijlen zijn hierbij onmisbare hulpmiddelen. Het activistische boek wijst ontwerpers op hun verantwoordelijkheid en doet suggesties voor een grafische ontwerppraktijk die in positieve zin kan bijdragen aan de wereld, buiten het kapitalistische systeem om. CAPS LOCK is hiermee verplicht studiemateriaal voor iedere (aankomende) ontwerper.

In this publication, designer and author Ruben Pater uses countless richly illustrated examples to explore how graphic design and capitalism are inextricably linked. The capitalist system is focused on economic growth, with little consideration of the associated socio-economic impact. Products such as banknotes, interfaces and branding, made by graphic designers, are essential aspects of the system. This activist book reminds designers of their responsibilities and makes suggestions for a professional practice in which graphic design can have a positive impact on the world, outside of the capitalist system. 'CAPS LOCK' is therefore unmissable study material for every (upcoming) designer.

Flutterwave is een platform dat financieel verkeer tussen banken, de 180 verschillende munteenheden en mobile wallets op het Afrikaanse continent mogelijk maakt. Dat kan de sleutel tot succes betekenen voor de vele getalenteerde ondernemers die nog geen toegang hadden tot het financiële verkeer daar. Voor de visuele identiteit koos ontwerpbureau Verve een levendig en kleurig palet, zich zo onderscheidend van de behoudender manier waarop partijen in de financiële sector zich doorgaans presenteren. Aan de hand van illustraties van Milena Bucholz identificeert Flutterwave zich met kleine en middelgrote bedrijven. Het platform biedt hen de mogelijkheid te professionaliseren en de vleugels uit te slaan. Met een zilveren en bronzen European Design Award voor Flutterwave, plus nog een gouden award voor Tuum en een keer brons voor de Nederlandse Reisopera werd Verve voor de tweede maal uitgeroepen tot European Design Agency of the Year.

Flutterwave is a platform that facilitates financial transactions between banks, the 180 different monetary units and mobile wallets in Africa. This could be the key to success for the many talented entrepreneurs who, as yet, are unable to conduct financial transactions. Design agency

Verve selected a lively, colourful palette for the visual identity, in a distinctive departure from the more reserved presentation commonly adopted by parties in the financial sector. Flutterwave uses illustrations by Milena Bucholz to identify with small and medium-sized enterprises. The platform offers them the opportunity to professionalise and spread their wings. With a silver and bronze European Design Award for Flutterwave, in addition to a gold award for Tuum and another bronze for the Nederlandse Reisopera, Verve has been named European Design Agency of the Year for the second time.

A SIMPLE MACHINE
Design: HeijltjesAkkaya
Award: Dezeen Award 2022
Category: Workplace Design
Photography: HeijltjesAkkaya
Website: heijltjesakkaya.com

MUSEUM OF THE MIND
Design: Kossmanndejong
Media design: IJsfontein
Construction: Fiction Factory
Commission: Museum of the Mind
Award: European Museum of the Year Award 2022
Additional awards: European Design Award 2021 / Bronze
Website: kossmanndejong.nl

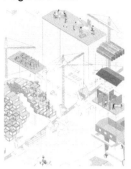

WATERSCHOOL M4H+
Design: Studio Makkink & Bey
Commission: IABR (Internationale Architectuur Biënnale Rotterdam)
Award: Dutch Design Award 2022
Category: Design Research
Website: studiomakkinkbey.nl

In deze lowtech meubellijn van gevouwen en gespoten metaal maakt ontwerpstudio HeijltjesAkkaya slim gebruik van industriële onderdelen als contragewichten, hefbomen en katrollen. De hoogte van de meubels is hierdoor met een simpele beweging verstelbaar; techniek en ergonomie gaan hand in hand. De ontwerpers spreken van Human Powered Workflow, waarbij het kunnen wisselen van werkhouding de meubellijn uitermate geschikt maakt voor de werkplek. De lijn bestaat uit de Counterweight Table, Gas Spring Table, Hour Stool en de Kettle Bell. Op die laatste kunnen extra gewichten aan het systeem worden toegevoegd om, afhankelijk van de belasting van de tafel, de perfecte balans te bereiken.

With this low-tech furniture line created from folded and spray painted metal, design studio HeijltjesAkkaya makes clever use of industrial elements such as counterweights, levers and pulleys. As a result, the height of the furniture can be adjusted with one simple movement – technology and ergonomics go hand in hand. The designers call it 'human-powered workflow', and the ease of changing working positions makes it ideal for office spaces. The line consists of the Counterweight Table, Gas Spring Table, Hour Stool and the Kettle Bell. With the latter, you can add additional weights to the system to find the perfect balance depending on the table's load.

Het Haarlemse Dolhuys was 700 jaar de plek voor 'melaatsen, gekken en andere onaangepasten'. Sinds 2005 is hier het museum gewijd aan het Nederlandse erfgoed van de geest. De nieuwe presentatie brengt de intens zware verhalen over de menselijke geest vanuit een breed perspectief en in een licht en vrolijk ontwerp. Op bijzondere manieren krijg je inzicht in de binnenwereld van zowel 'de ander' als van jezelf. De multimediagids die de bezoeker door de tentoonstelling leidt confronteert met dilemma's, en zelftests zetten aan tot denken over de eigen geest. Zo bijdragend aan een tolerantere samenleving, is het museum ook een voorbeeld stellend sociaal project.

Located in Haarlem, for 700 years the Dolhuys was the place for 'lepers, lunatics and other dysfunctional people'. However, since 2005 it has housed a museum dedicated to Dutch mental heritage. The latest presentation conveys intensely difficult stories from a broad perspective with a light and cheerful design. You gain insight into the inner world of 'the other' and yourself in an extraordinary way. The multimedia guide that leads visitors through the exhibition confronts you with dilemmas, while quizzes get you thinking about your own mind. By contributing to a more tolerant society, the museum also serves as an exemplary social project.

Ontwerpend onderzoek naar hoe de stadsuitbreiding in Merwe-Vierhavens (M4H), Rotterdam zich kan ontwikkelen tot een ecologische habitat. Studio Makkink & Bey onderzoekt met veertig andere ontwerpers hoe gelijkwaardige interactie van alle organismen, gemeenschappen en hun omgeving uitgangspunt kan zijn. Door te streven naar een duurzame en circulaire leefomgeving, draagt de WATERSCHOOL bij aan mogelijke oplossingen voor urgente vraagstukken rond de (her)ontwikkeling van stadsuitbreidingen. Het onevenredig grote waterverbruik door de mens komt hierbij ook aan de orde.

Design research into how the urban expansion in Merwe-Vierhavens (M4H), Rotterdam, can develop into an ecological habitat. Studio Makkink & Bey worked with 40 other designers to explore how the equal interaction of all organisms, communities and their environment could form the fundamentals of the project. In striving for a sustainable and circular living environment, the WATERSCHOOL offers potential solutions for pressing issues associated with the (re)development of urban expansions. The disproportionately large amount of water used by humans is also addressed.

Design Awards

CHEQUITA NAHAR
Award: Françoise van den Bosch Prijs
Instagram: instagram.com/chequita_nahar

ROLLOR PROTECT
Design: Rollor Packaging
Commission: Neleman
Award: Pentaward 2022 / Gold
Category: Home Leisure & Other Markets
Additional awards: NL Packaging Awards 2019
Website: rollor.com

Haar biculturele identiteit vormt de essentie van het werk van sieraadontwerpster Chequita Nahar. Het is een leidend gegeven in haar lespraktijk, waarin ze zich inzet voor een diverser en inclusiever kunstonderwijs, en in haar eigen ontwerppraktijk. Geboren in Suriname en opgeleid in Nederland, combineert ze traditionele Surinaamse ambachten met moderne en hedendaagse technieken. In haar werk komen Surinaamse cultuur, slavernijverleden en Nederlandse tradities samen. De materialen in haar colliers, hangers en ringen, refereren met hun kleur, geur of oorspronkelijke functie vaak zowel aan de Surinaamse als aan de Nederlandse cultuur. Dat geldt bijvoorbeeld voor kralen die in een ketting een maatschappelijke positie kunnen onderstrepen, maar in de slaventijd als ruilmiddel dienden.

Jewellery designer Chequita Nahar's bicultural identity is at the heart of her work. It is also a prominent aspect of her teaching, in which she is dedicated to more diverse and inclusive art education, and of her own design practice. Born in Suriname and trained in the Netherlands, Chequita combines traditional Surinamese crafts with modern and contemporary techniques. Her work unites Surinamese culture, the history of slavery and Dutch traditions. Through their colour, fragrance or original purpose, the materials in her necklaces, pendants and rings often reference both Surinamese and Dutch culture. An apt example are beads that can accentuate social status when used in a necklace, but that were used as a means of exchange in the age of slavery.

Een sushirol vormde de inspiratie voor het slimme verpakkingsontwerp van de ontwerpers van Rollor Packaging. De Rollor Protect, gemaakt van FSC gecertificeerd karton, laat zich dicht om het product heen rollen. Hierdoor is het druk-, breuk- en kreukvrij te versturen en blijft het volume van de zending beperkt. De verpakking is in vier standaardmaten leverbaar en is daarnaast op maat verkrijgbaar. De verzorgde en elegante verpakking past goed bij labels uit het luxere lifestyle segment. Tegelijkertijd sluit de duurzame uitstraling van de Rollor naadloos aan bij zowel de heersende mode als de ecologische noodzaak.

A sushi roll provided the inspiration for the designers of Rollor Packaging's smart packaging design. The Rollor Protect, made from FSC certified cardboard, can be tightly rolled around a product, so that it can be safely and securely sent while the volume of the package remains limited. The packaging is available in four standard sizes, and there are also bespoke options. The sophisticated, elegant packaging is the ideal match for higher-end lifestyle labels, while the sustainable character of the Rollor dovetails with both the prevailing fashion and the ecological necessity.

Overview

Page 109

WTFFF!?
Design: Morrow X Hack the Planet X
Q42 X Joep le Blanc X Jonas Devacht
Commission: Fonds Slachtofferhulp
Award: Dutch Design Award 2022
Category: Best Commissioning
Additional Awards: Dutch Creativity Award 2022 /
Bronze Spin, Lovie Award 2022 / Silver
Website: wtfff.nl

Page 110–111

DEPOT BOIJMANS VAN BEUNINGEN
Design: MVRDV
Commission: Museum Boijmans Van Beuningen,
De Verre Bergen Foundation, Municipality of
Rotterdam
Award: Dutch Design Award 2022
Category: Habitat
Additional awards: 2022 Architizer A+ Award
/ Popular Choice, ARC21 Architectuur Award,
Architectenweb Awards 2022 / Publiek gebouw
van het Jaar, BNA Beste Gebouw van het Jaar
2022, Glas Award 2021, Rooftop Award 2020,
Rotterdam Architectuurprijs 2022
Website: mvrdv.nl

Page 112

WILLIAMS PREMIUM CANNED COCKTAILS
Design: Offff
Commission: Williams Canteen
Award: Pentaward 2022 / Platinum
Category: Beverages
Website: offff.studio

Interactief platform over online seksueel misbruik onder kinderen en jongeren. Al scrollend ontdek je door slachtoffers ingesproken verhalen, waarin ze hun ervaring delen met sextortion, grooming of shame sexting. Doordat Fonds Slachtofferhulp als opdrachtgever buiten beeld blijft, is een institutionele uitstraling vermeden. De gekozen authentieke, rauwe vorm spreekt jongeren aan en verlaagt de drempel om over eigen ervaringen in gesprek te gaan en gevoelens van schuld en schaamte te overwinnen.

Interactive platform exploring sexual abuse amongst children and young people. Visitors can scroll through the website to discover stories recorded by victims, in which they share their experiences of sextortion, grooming or shame sexting. The Victim Support Fund remained an anonymous commissioner, helping to avoid an institutional feel to the project. The selected authentic, raw design appeals to young people and makes it easier for them to discuss their own experiences and overcome feelings of guilt and shame.

's Werelds eerste publiek toegankelijke kunstdepot staat in het Rotterdamse Museumpark. Bezoekers krijgen er zicht op delen van de museale praktijk die meestal buiten beeld blijven. Het spectaculaire ronde gebouw is voorzien van een spiegelende gevel en herbergt 151.000 kunstwerken en designobjecten, verdeeld over 14 depotruimtes. De complexe en gelaagde opzet biedt daarnaast indrukwekkende ruimtelijke oplossingen voor onder meer tentoonstellingszalen, restauratieateliers, een atrium, een restaurant en een openbare tuin - inclusief berkenbos! - op het dak.

The world's first ever publicly accessible art storage facility is located in the Museumpark in Rotterdam. Visitors to the facility are offered a glimpse of museum practices that often stay behind the scenes. The spectacular round building has a striking mirrored façade and is home to 151,000 artworks and design objects, spread over 14 storage spaces. The complex, layered design also offers impressive spatial solutions including exhibition spaces, restoration studios, an atrium, a restaurant and a public garden – with birches and pine trees! – on the roof.

Bar/restaurant Williams Canteen opende eind '19 maar werd door de lockdowns al snel voor een creatieve uitdaging geplaatst. De horecagelegenheid zinde op een manier om hun beste drankjes bij hun klanten te bezorgen. Onder het motto 'a night out in a can' ontwikkelde het Rotterdamse bureau Offff dit idee door tot een lijn van verfijnde premium canned cocktails, waaronder populaire classics als de Negroni, Margarita en Pornstar. De kleurcombinaties en typografie op de wikkels doen denken aan traditionele conservenblikjes sardines en gerookte amandelen. De nostalgische, mediterrane sfeer die wordt opgeroepen zal het leed in de periodes van verplicht thuisblijven vast hebben verzacht.

Williams Canteen opened at the end of 2019, and it wasn't long before the coronavirus lockdowns presented the bar/restaurant with a creative challenge. They were keen to find a way of delivering their best drinks to their customers. Using the slogan 'a night out in a can', Rotterdam-based agency Offff developed this idea into a collection of refined, premium canned cocktails, including popular classics such as the Negroni, Margarita and Pornstar Martini. The colour combinations and typography used on the labels are reminiscent of traditional cans of sardines and smoked almonds. The nostalgic, Mediterranean vibe surely helped relieve the suffering in the periods when everyone was forced to stay at home.

Design Awards

ACCEPT TO ENTER
Design: N=5
Award: Lovie Award 2021 / Bronze
Category: Best use of media campaign /
Social media marketing / Viral advertising
Additional Awards: People's Lovie Awards
2021, SAN Accent 2021
Website: nis5.nl

TERRA ULTIMA
Design: Raoul Deleo
Author: Noah J. Stern
Commission: Uitgeverij Lannoo
Award: Gouden Penseel 2022
Category: Geïllustreerde jeugdboeken
Additional awards: Woutertje Pieterse Prijs 2022
Website: raouldeleo.com

Om de strijd voor gelijke rechten voor de LGTBQIA+ community kracht bij te zetten, ontwikkelde N=5 de campagne Accept to Enter. Deelnemers uit het bedrijfsleven en maatschappelijke organisaties konden met behulp van een daarvoor ontwikkelde plug-in een pop-up venster op hun website installeren. Daarmee spraken ze zich uit voor de noodzaak van een grondwettelijk verbod op discriminatie wegens seksuele gerichtheid. Bezoekers van de websites van de aangesloten bedrijven konden via dit Accept to Enter venster aangeven uitsluiting en discriminatie niet langer te tolereren. De bescheiden ingreep bleek een indrukwekkend resultaat op te leveren. Gesteund door de resultaten van deze eenvoudige maar zeer doeltreffende bewustwordingscampagne was de lobby van COC Nederland voor de wetswijziging na 20 jaar strijd eindelijk succesvol: de grondwetswijziging is inmiddels in een stroomversnelling gekomen!

Joining the fight for equal rights for the LGTBQIA+ community, N=5 developed the Accept to Enter campaign. Participants from the business world and community organisations were able to use a specially developed plug-in to install a pop-up window on their website, supporting the urgent call for the constitutional prohibition of discrimination based on sexual orientation. Via this Accept to Enter pop-up, visitors to the websites of participating companies could indicate that they would no longer tolerate discrimination. The modest action had an impressive effect. Buoyed by the results of this simple yet highly effective awareness campaign, the COC Netherlands' lobby was finally successful: after 20 years of dedicated campaigning, the constitutional amendment has gained momentum!

Dit boek over expedities naar het fictieve werelddeel Terra Ultima houdt het midden tussen een ouderwetse natuurencyclopedie en een reisverslag. Illustrator Deleo voert zichzelf op als de ontdekkingsreiziger die tijdens zijn expedities naar het geheime continent de aanwezige fauna vastlegt in verfijnde illustraties vol verrassende, vaak humoristische details. De adembenemende, natuurgetrouwe weergave van bijvoorbeeld de Toekantweelingkrab en de Koniguïn en de pseudowetenschappelijke manier waarop ze zijn omschreven, doen je bijna twijfelen of je hier misschien tóch met echt bestaande dieren te maken hebt. Fictie en fantasie vormen in dit vindingrijke dierenrijk een nieuwe realiteit.

This book about expeditions to the fictitious continent of Terra Ultima occupies a space between an old-school nature encyclopaedia and a travel blog. Illustrator Deleo plays the role of the explorer, capturing the fauna he finds on the mysterious continent in exquisite illustrations that are alive with surprising and often humorous details. The breathtaking, true-to-life depictions of the Toucan Twin Crab and the Sheen Green Harefly (to name but two), combined with the pseudo-scientific descriptions of the animals, almost make you wonder whether these are perhaps real creatures after all. In this ingenious animal kingdom, fiction and fantasy form a new reality.

Overview

SELECTOR180
Design: Scope Design & Strategy
Manufacturer: H2L Robotics & Smit
Constructie
Award: Red Dot Award 2022
Category: Product Design
Website: scopedesign.nl

THE UNCENSORED LIBRARY
Design: Media.Monks X BlockWorks
Commission: Reporters Without Borders,
DDB Germany
Award: Eurobest Award 2021
Category: Digital Craft / Entertainment
Additional Awards: ADC Award 2021,
Cannes Lions Award 2021, Clio Award 2020/2021,
CSS Awards, D&AD Award 2021, Fast Company
Award, FWA 2021, One Show Award 2021,
Pro Award 2021, Webby Awards 2021
Website: media.monks.com

Scope Design ontwierp en ontwikkelde het exterieur voor deze robot die zieke tulpen kan detecteren en behandelen. Gebruik makend van virtual reality kreeg de klant inzage in de verschillende fases van het ontwerpproces en de uitstraling van de landbouwmachine. Door deze manier van werken kon binnen vier maanden een hoogwaardig en vernieuwend product worden gepresenteerd. De machine refereert duidelijk aan de automotive industrie, zit slim in elkaar en de stalen en polyester onderdelen zijn zo geconstrueerd dat interne componenten makkelijk bereikbaar zijn van alle kanten. Met zijn moderne uitstraling is de Selector180 een waardige representant van de ambities en mogelijkheden van de autonome landbouw.

Scope Design designed and developed the exterior of this robot that is able to detect and treat diseased tulips. Virtual reality introduced the client to the different phases of the design process and the appearance of the agricultural machine. This approach meant that a high-quality and innovative product was presented within just four months. The machine clearly references the automotive industry, is cleverly built, and the steel and polyester parts are constructed in such a way that the internal components can be easily accessed from all sides. With its modern character, the SELECTOR180 is a worthy representative of the ambitions and potential of autonomous agriculture.

Reporters Without Borders wilde ruchtbaarheid geven aan hun wereldwijde strijd voor persvrijheid. Om jongeren te bereiken uit landen waar geen vrijheid van meningsuiting bestaat, maken ze gebruik van Minecraft. Deze populaire en online overal beschikbare game bleek een geweldige manier om censuur te omzeilen. De classicistische Uncensored Library, opgebouwd uit 12,5 miljoen blokken, maakt verboden artikelen van belangrijke journalisten toegankelijk als Minecraft-boek. Inmiddels wisten 20 miljoen gamers uit 165 landen de weg te vinden naar de digitale bibliotheek, om zichzelf daar te laten informeren over de echte politieke situatie in hun land. De bibliotheek wordt nog altijd aangevuld en in het onderwijsprogramma gebruikt van scholen en universiteiten.

Reporters Without Borders was keen to boost awareness of their global quest to safeguard the freedom of the press. To reach young people in countries where there is no freedom of speech, they use Minecraft. This popular game, which is available online throughout the world, proved a terrific means of getting around censorship. The classicist Uncensored Library, built from 12.5 million blocks, makes banned articles by important journalists accessible as a Minecraft book. 20 million gamers from 165 countries have already visited the digital library, seeking information about the actual political situation in their country. The library is still being added to, and is also being used by schools and universities.

Design Awards

THE UTOPIA BALL X FASHION SHOW
Design: Yamuna Forzani
Award: Dutch Design Award 2022
Category: Fashion
Instagram: instagram.com/yamunaforzani

AIMÉE DE JONGH
Award: Stripschapprijs 2022
Category: Oeuvre
Website: aimeedejongh.com

KAMP AMERSFOORT
Design: Tinker Imagineers
Architecture: Inbo
Landscape architecture: Juurlink+Geluk
Lighting design: HeinzLoopstra
VR design: Tinker imagineers X Yipp X Shosho X
BureauMaike X Leiden University
Construction: Flink
Commission: National Monument Kamp Amersfoort
Award: European Design Award 2022 / Silver
Category: Exhibition Design
Additional awards: Grand Prix du Design 2022 /
Grand winner, IDEA Award 2022 / Silver, SEGD Global
Design Award 2022 / Merit, Stadsbouwprijs Amersfoort
2022, WIN Awards 2021 / Gold
Website: tinker.nl

Het werk van ontwerper Yamuna Forzani draait om mode, queer gemeenschappen en activisme. In de Utopia Ball x Fashion Show brengt ze deze aspecten samen. Utopiaball vormt een veilige speeltuin waar diversiteit in de volle breedte gevierd wordt, jong modetalent een podium krijgt en die beide communities verbindt en versterkt. Ter gelegenheid van Rotterdam Pride bracht Forzani het concept van een traditionele ballroomcompetitie gecombineerd met een modeshow naar de Kunsthal. Door de ballroomwereld, oorspronkelijk een subcultuur uit de underground, bij een breder publiek te introduceren empowert ze de queer gemeenschap, draagt ze bij aan begrip en tolerantie en verdiept ze het gevoel van verbinding.

The work of designer Yamuna Forzani is all about fashion, queer communities and activism: aspects that she unites in the Utopia Ball x Fashion Show. Utopiaball offers a safe playground that celebrates every facet of diversity, offers young fashion talent a platform, and that strengthens and connects both of these communities. For Rotterdam Pride, Forzani brought the concept of a traditional ballroom competition combined with a fashion show to the Kunsthal Rotterdam. By introducing the ballroom world – once an underground subculture – to a wider audience, she empowers the queer community, boosts understanding and tolerance and makes the sense of connection more profound.

Vanaf haar eerste werk hielden stripcollega's en kenners Aimée de Jongh in de peiling als groot talent. Al haar boeken, waarin ze met name maatschappelijke thema's aansnijdt, werden genomineerd als Album van het Jaar. Het album 'Bloesems in de herfst', dat ze met de Belgische topscenarist Zidrou maakte, kreeg deze prijs daadwerkelijk toegekend. Naast albums maakte De Jongh animaties voor tv (DWDD) en heeft ze een vaste strip in opinieblad Vrij Nederland. Aimée de Jongh weet zichzelf voortdurend te vernieuwen en heeft daarnaast het vermogen om aandacht voor zichzelf én het vak te genereren. Ze is daarmee een perfecte ambassadeur voor het stripvak.

Starting with her very first work, fellow comic book creators and connoisseurs pegged Aimée de Jongh as a major talent. All of her graphic novels, which often address societal themes, have been nominated for the Stripschap 'Album of the Year' award. The graphic novel 'Blossoms in Autumn', created in collaboration with acclaimed Belgian scriptwriter Zidrou, did indeed receive the award. In addition to graphic novels, De Jongh has created animations for TV (DWDD) and has a recurring comic strip in the magazine Vrij Nederland. Throughout her career, Aimée de Jongh has constantly reinvented herself, and has the ability to generate new interest for herself and her field. She is therefore the ideal ambassador for the comic profession.

De Nazi's vestigden Kamp Amersfoort in 1941, op een voormalig kazerneterrein op de grens van Leusden en Amersfoort. In het in 2004 gerealiseerde herinneringscentrum toont een grote museale tentoonstelling de geschiedenis van deze beladen plek. De presentatie van persoonlijke objecten, foto's, videobeelden en documenten geeft een gezicht aan zowel gevangenen als aan werknemers van Kamp Amersfoort. Op indrukwekkende wijze wordt het leven in het straf- en doorgangskamp, waar 47.000 mensen onder erbarmelijke omstandigheden gevangen werden gehouden, invoelbaar gemaakt. De monumenten en zichtbare sporen op het buitenterrein dragen hieraan bij. Door de bezoeker in een VR-experiment te confronteren met gewetensvragen, wordt deze aan het denken gezet over de effecten van groepsdruk, autoriteit en vertrouwen. Wat zou jij in hun plaats hebben gedaan?

The Nazis established Kamp Amersfoort in 1941 at a former barracks site on the border of Leusden and Amersfoort. The memorial centre there, built in 2004, features a large exhibition on the

Overview

Page 122–123

PIET OUDOLF
Award: Sikkens Prize 2022
Website: oudolf.com

Page 124

CREAM ON CHROME
Award: Dutch Design Award 2022
Category: Young Designer
Website: cream-on-chrome.com

history of this fraught location. The personal objects, photographs, videos and documents on display put a human face on both the prisoners and staff at Kamp Amersfoort. Life in this penal and transit camp, where 47,000 people were imprisoned under horrific conditions, is made palpable in an impressive way; the monuments and visible traces of the camp in the outdoor spaces add to the effect. By confronting visitors with questions of conscience using a VR experiment, they are forced to think about the effects of peer pressure, authority and trust, begging the question: What would you have done if put in the same position?

Het werk voor zijn eigen tuin in Hummelo vormde de grote doorbraak van Piet Oudolf. Inmiddels ontwierp hij tientallen tuinen en parken verspreid over Europa en de Verenigde Staten; museumtuinen, maar zeker ook minder voor de hand liggende stedelijke locaties tovert hij om tot aantrekkelijke en inspirerende groenzones. Door zijn gespecialiseerde kennis weet hij de natuur maximaal tot zijn recht te laten komen, en planten fungeren als zijn palet. Oudolf's tuinen zijn een viering van de schoonheid van bloemen en planten in iedere levensfase en in elk seizoen. Dat deze overtuiging op grote schaal weerklank vindt, bewijzen de vele uitgedroogde zaaddozen en grassen in onze bermen en op onze rotondes.

Piet Oudolf's major breakthrough came with his work for his own garden in Hummelo. He has now designed dozens of gardens and parks in Europe and the United States – some of them museum gardens, but he certainly doesn't shy away from transforming less obvious urban locations into attractive and inspiring green spaces. With his specialised expertise, he makes nature bloom, and plants are his palette. Oudolf's gardens are a celebration of the beauty of flowers and plants at every stage of life and in each season. And if the many dried-up seed capsules and the grasses in our verges and on our roundabouts are anything to go by, this conviction certainly has resonance.

Cream on Chrome is een geëngageerd ontwerpersduo dat hun analytische vermogens en ontwerpkwaliteiten krachtig inzet bij het formuleren van scenario's rond uiteenlopende complexe maatschappelijke thema's. Hun interactieve installaties zetten je aan het denken, bijvoorbeeld over het basisinkomen in Basic Income Café, waarbij ze koffie gebruikten om geldstromen in beeld te brengen. In Environmentalist Stock Exchange modelleren ze de mondiale financiële markten naar de principes van ecologie en krijgen aandeelhouders de rol van zorgdrager toebedeeld. In het project 4D News buigen ze zich over formats om tot vollediger en minder subjectieve nieuwsberichtgeving te komen.

Cream on Chrome is a socially engaged design duo that effectively utilises its analytical strengths and design qualities to formulate scenarios associated with a wide range of complex social themes. Their interactive installations offer food for thought, as with the Basic Income Café, where they used coffee to visualise cash flows. In the Environmentalist Stock Exchange, the duo model the global financial markets according to ecological principles, turning shareholders into 'careholders'. In the 4D News newsroom installation, they consider formats that could result in more complete and less subjective reporting.

Design Awards

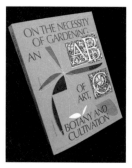

ON THE NECESSITY OF GARDENING:
AN ABC OF ART, BOTANY AND CULTIVATION
Design: Bart de Baets
Commission: Valiz X Centraal Museum Utrecht
Award: Schönste Bücher aus aller Welt 2022
Category: Gouden Letter
Additional Awards: Best Verzorgde Boeken 2021,
Best Verzorgde Boeken Studentenselectie 2021
Website: bartdebaets.nl, valiz.nl

PETRA BLAISSE
Award: ARC22 Award
Website: insideoutside.nl

DE CORRESPONDENT AUDIO APP
Design: Momkai
Commission: De Correspondent
Award: Red Dot: Best of the Best 2022
Category: Audio App
Website: decorrespondent.nl/app

Deze publicatie is een weerslag van het onderzoek van curator Laurie Cluitmans naar de tuin in de kunst als metafoor voor maatschappij en cultuur. Ontwerper Bart de Baets goot de lemma's in het abecedarium in een strak stramien die de vele losse onderwerpen – van een oudtestamentische 'hortus conclusus' en 'queer ecology' tot 'volkstuin' – een verband geeft. Het rijke beeldmateriaal lijkt af en toe te willen ontsnappen aan deze grafische omheining, als ranken in een bed met planten. Bladerend door de beeldkaternen meander je door de tijd. Het versterkt het gevoel van georganiseerde chaos, een mooie definitie van wat een tuin in essentie is; inhoud en vorm vallen zo prachtig samen.

This publication is a response to curator Laurie Cluitmans' research into the garden as a metaphor for society and culture. Designer Bart de Baets' concise arrangement of lemmas in the abecedarium successfully links the many individual subjects – from an Old Testament-esque 'hortus conclusus' and 'queer ecology' to 'allotment'. At times, the rich illustration appears to want to escape from its graphic enclosure, like creepers in a flower bed. As you browse the quires of images, you meander through time. This intensifies the feeling of organised chaos, an apt definition of what a garden essentially is; content and form so charmingly combined.

In de projecten van Petra Blaisse staat de relatie tussen binnen en buiten, interieur en (stedelijk) landschap centraal. Met haar multidisciplinaire werk – de ene keer een groot landschapsproject, de andere keer materiaalonderzoek – rekt ze voortdurend de grenzen van het vak op en reageert ze op maatschappelijke kwesties. Textiel en licht krijgen hierbij vaak een hoofdrol. Haar werk gaat over het ensceneren van ontmoeting en interactie. Dat is ook van toepassing op een prijswinnend project als de LocHal in Tilburg waar ze met behulp van gordijnen over de volle hoogte van de hal zachte ingrepen deed bij de indeling van het karakteristieke trappenlandschap.

Petra Blaisse's projects focus on the relationship between inside and outside, interior and (urban) landscape. With her multidisciplinary work – which ranges from expansive landscape projects to materials research – she constantly pushes the boundaries of the profession and responds to social issues. Textiles and light often play the lead role. Blaisse's work is about staging encounters and interaction, as with the award-winning project for the LocHal in Tilburg, where she used curtains covering the full height of the hall to provide a soft solution to dividing the characteristic stair landscape.

Journalistieke platform De Correspondent drijft op de financiële steun van haar ruim 70.000 leden. Om deze leden, ook buiten de website om, optimaal toegang te bieden tot alle audio content, ontwikkelde designbureau en medeoprichter Momkai een eigen app. De redactie is hierdoor niet langer aangewezen op partijen als Spotify en Soundcloud voor verspreiding van de verhalen. De app is voor leden een privacy-vriendelijke en advertentie-vrije manier om artikelen en documentaires van De Correspondent te beluisteren. Dat leden daarnaast de mogelijkheid hebben om correspondenten vragen te stellen, te reageren op de verhalen en hun eigen kennis te delen, versterkt het community-gevoel.

Journalism platform De Correspondent thrives on the financial support of its more than 70,000 members. In order to ensure that these members have optimal access to all of the audio content, also outside of the website, design agency and co-founder Momkai developed a dedicated app. This means that the the editors no longer have to rely on parties such as Spotify and Soundcloud to propagate their stories. The app offers members a privacy-friendly and ad-free means of listening to De Correspondent articles and documentaries. Members are also able to ask correspondents questions, respond to stories and share their own wisdom, amplifying the sense of community.

Overview

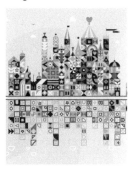

PATCHWORK KINGDOMS
Design: Nadieh Bremer | Visual Cinnamon
Commission: UNICEF, ITU and Snowcrash Labs
Award: Dutch Creativity Award / Silver Spin
Category: Digital / NFT
Website: patchwork-kingdoms.com

NATIONAL HOLOCAUST NAMES MEMORIAL
Design: Studio Libeskind X Rijnboutt
Commission: Nederlands Auschwitz Comité
Award: Amsterdamse Architectuurprijs (AAP) 2022
Category: Vakprijs
Additional Awards: A+ Architizer Award 2022, Gouden
Piramide 2022, Nationale Staalprijs 2022
Website: holocaustnamenmonument.nl

Met het Giga Connect heeft UNICEF zich ten doel gesteld om alle scholen ter wereld op het internet aan te sluiten. Het Patchwork Kingdom project is een visualisatie van realtime gegevens uit de dataset van het project. Ontwerper Nadieh Bremer verbeeldde in deze visualisaties 283.000 scholen uit 21 landen. Scholen met internet hebben als vierkantje een plek in het rechtopstaande 'koninkrijk', de scholen zonder internet zijn onderdeel van het rijk dat onder de spiegellijn ligt. De positie en de complexiteit van het grafische symbool in het vierkant zijn gekoppeld aan kenmerken van de internetverbinding. Subsets van 150 à 450 scholen vormen samen één Patchwork Kingdom, dat als NFT te koop is. De opbrengst draagt eraan bij dat meer scholen in de wereld toegang krijgen tot het internet.

The Giga Connect embodies UNICEF's aim of connecting all of the world's schools to the internet. The Patchwork Kingdom project is a visualisation of real-time data from the project's data set. In these visualisations, designer Nadieh Bremer has incorporated 283,000 schools in 21 countries. Schools with internet access are shown as a square, and are part of the upright 'kingdom', the schools that are still offline are reflected in the part of the kingdom below. The position and complexity of the graphic symbol in the square are linked to characteristics of the internet connection. Subsets of 150 to 450 schools together form a single Patchwork Kingdom, which can be purchased as an NFT. The generated profits are put towards connecting more schools to the internet.

Het Nationaal Holocaust Namenmonument op de Amsterdamse Weesperstraat werd op verschillende niveaus bekroond. Zo won Stichting Nederlands Auschwitz Comité de Gouden Piramide, de rijksprijs voor inspirerend opdrachtgeverschap in architectuur en gebiedsontwikkeling. Het comité wist de Amerikaanse architect Daniel Libeskind aan zich te binden en beet zich vijftien jaar lang vast in de totstandkoming van dit monument. Dankzij deze volharding heeft ieder van de 102.000 omgekomen en grafloze Nederlandse Joden, Roma en Sinti nu een eigen herdenkingsteken in de vorm van een gepersonaliseerde baksteen. Samen vormen deze de intieme en imponerende muren van het monumentale labyrint.

The National Holocaust Names Memorial, a recent addition to the Weesperstraat in Amsterdam, has received a wide array of awards. For one, the Nederlands Auschwitz Comité won the Gouden Piramide, the state prize for inspirational commissioning in architecture and area development. The committee secured the help of American architect Daniel Libeskind and fought passionately for 15 years to make this monument a reality. Thanks to their dedication, every one of the 102,000 perished and graveless Dutch Jews, Romani and Sinti are now commemorated with a personalised brick. The bricks unite to form the intimate and imposing walls of the monumental labyrinth.

Design Awards

Highl

D

Year

Exposities, events, eyecatchers en trends in elf highlights uit het afgelopen designjaar. Jeroen Junte kijkt terug en denkt er het zijne van. Over circulariteit en over zoöp, de volgende logische stap naar een duurzame wereld. Over de opkomst van virtuele mode en van de zon als energie-bron. Over musea, designweken en doelgroepen. Over de artistieke aspiraties van kunstmatige intelligentie en het probleemoplossend vermogen van design in tijden van crisis.

ghts
esign

Words: Jeroen Junte

Exhibitions, events, eye-catchers and trends – you'll find them all in 11 highlights from the past design year. Jeroen Junte looks back and shares his thoughts. About circularity and about zoöp, the next logical step for a sustainable world. About the rise of virtual fashion and the sun as a power source. About museums, design weeks and target audiences. And about the artistic aspirations of artificial intelligence and the problem-solving capacity of design in times of crisis.

It's Our F***ing Backyard
Designing Material Futures
Stedelijk Museum Amsterdam
Photography: Gert Jan van Rooij

Vorm aan de Vecht
Photography: Michael Hermann

OBJECT
Atelier Artiforte
Photography: Jan Willem Kaldenbach

Highlights

146

Circular is the new sustainable

Duurzaamheid is inmiddels zo'n allesomvattend containerbegrip, dat er behoefte is aan wat meer duidelijkheid en vooral ook uitvoerbaarheid. Het recyclen van grondstoffen en repareren van producten is de sleutel tot een maakbare en schaalbare duurzame economie met minimale footprint. Tal van voorbeelden hebben het van ontwerpconcept inmiddels geschopt tot opgeschaald massaproduct; de 'levende' doodskist van schimmels en mossen van de jonge ontwerper Bob Hendrikx is goedgekeurd door de Landelijke Vereniging van Crematoria; uitvaartverzorger DELA neemt het exemplaar op in het assortiment. Wat pas een begin is. Om de kennis over circulair ontwerpen en produceren te bundelen en te vergroten is CIRCONNECT opgericht, het nieuwe netwerk van kennisinstellingen, branchverenigingen, de ontwerpsector, regioversnellers en overheidsorganisaties. Kortom, alle ketens van de duurzame industrie. De ontwerpsector wordt ondertussen uitgedaagd door What Design Can Do, dat na edities over huiselijk geweld en migratie nu een Circular Design Challenge lanceerde. Circulariteit kreeg met de expositie It's Our F***Ing Backyard in het Stedelijk Museum in Amsterdam zelfs museale status. Niet alleen toonde deze expositie dat recyclen en biobased materialen oogstrelend mooie producten opleveren, de sokkels, wandpanelen en vitrines waren zelf ook circulair.

'Sustainability' has become an all-encompassing catch-all term, creating an urgent need for greater clarity, and above all, feasibility. Recycling raw materials and repairing products is the key to building a sustainable economy that's manageable and scalable with a low carbon footprint. Countless examples have now been scaled up from design concepts to mass-market products, including the 'living' coffin by young designer Bob Hendrikx. Made of fungi and moss, it has been approved by the Dutch national association of crematoria, and funeral provider DELA will add it to their range of caskets. And that's just the start. CIRCONNECT, a new network of think tanks, industry associations, the design sector, regional accelerators and government organisations was founded to bundle and expand circular design and production expertise. In short, it brings together every link in the sustainable supply chain. Meanwhile, the design sector is facing a new challenge from What Design Can Do. Following previous editions which focused on domestic violence and migration, the organisation has recently launched the Circular Design Challenge. Circularity was even elevated to museum-worthy status with the exhibition 'It's Our F***Ing Backyard' at the Stedelijk Museum in Amsterdam. The exhibition not only showed that recycled and bio-based materials can yield gorgeous products, the pedestals, wall panels and display cases were also made with a circular approach.

Who are design weeks really for?

"Wat fijn, eindelijk weer eens design dat ik gewoon mooi of lelijk mag vinden!" Deze verzuchting van een bezoeker van de laatste editie van Dutch Design Week is kenmerkend voor de beleving van designevents. De laatste edities van de Eindhovense week of de Salone del Mobile tijdens Milan Design Week halen nog lang niet de bezoekersaantallen van de pre-coronajaren. Ontwerpers en architecten, fabrikanten, inkopers en journalisten blijven vakmatig komen. Maar de niet-professionele designliefhebber die zich vooral wil laten inspireren en verwonderen door bijzondere objecten haakt af. De designweken nemen hiermee de traditionele rol van vakbeurs aan, terwijl het grote publiek zich elders laaft aan schoonheid. Zeker op Dutch Design Week – met een focus op maatschappelijke vraagstukken rond klimaat, digitalisering en inclusiviteit en nadruk op systemische oplossingen en design thinking – staat de traditionele opvatting van design als een esthetische discipline onder druk. Ondertussen slaan het praktische design op Object Rotterdam, de esthetische powerplay van exposities als Vorm aan de Vecht in Buitenplaats Doornburgh en De collectie is... in het Van Abbemuseum of nostalgische designshows als RetroFuture in het Evoluon en De Grote Versierder over de posters van Engel Verkerke in Design Museum Den Bosch wel aan bij een breder publiek.

'How nice! Finally, some designs I can just decide are beautiful or ugly?' This comment from someone who visited the previous edition of Dutch Design Week typifies the experience of many design events. The latest editions of this week in Eindhoven and the Salone del Mobile during Milan Design Week are still far from attracting the number of visitors they did in pre-COVID years. Designers and architects, as well as manufacturers, buyers and journalists keep coming for professional reasons. But amateur design enthusiasts looking to be inspired and amazed by unique objects are dropping in numbers. As a result, design weeks are taking on the role of a traditional trade fair, while the general public looks elsewhere for beauty. Especially at Dutch Design Week – with a focus on societal issues related to the climate, digitalisation and inclusivity, and an emphasis on systemic solutions and design thinking – the traditional view of design as an aesthetic discipline is being challenged. In the meantime, the practical designs at Object Rotterdam, the aesthetic power moves of exhibitions like 'Form on the Vecht' at the Doornburgh Estate and 'The collection is...' at the Van Abbemuseum, or nostalgic design shows like 'RetroFuture' at the Evoluon and 'The King of Posters: Engel Verkerke' at Design Museum Den Bosch continue to appeal to a wider audience.

Virtual fashion made of pixels and bytes

Vorig jaar was iedereen in de ban van de NFT, het digitale eigendomscertificaat dat het mogelijk maakt om digitale bestanden als animaties en illustraties veilig te verhandelen op de blockchain. Deze non-fungible tokens gingen weg voor duizelingwekkende bedragen, het leek wel een tulpenmanie. Dat kon niet goed gaan en dat ging het dus ook niet. De omzet is inmiddels met 75% gedaald ten opzichte van vorig jaar en het einde lijkt nog niet in zicht. Toch gaat een deel van de NFT-markt juist omhoog: de virtuele mode. Bedrijven als Gucci en Balenciaga halen inmiddels miljoenenomzetten met de verkoop van online kleding in populaire games als Roblox en Fortnite. In plaats van draad en naald gebruiken de ontwerpers pixels en software. De wereldwijde consultancy Deloitte verwacht dat de markt voor deze virtuele kleding in 2030 meer dan 50 miljard euro zal bedragen. Een van de toonaangevende digitale modehuizen is The Fabricant; deze Amsterdamse startup werkt samen met Adidas en Puma en haalde dit voorjaar nog 13 miljoen euro op van het investeringsfonds van Hollywood-ster Ashton Kutcher. De eerste NFT-drop op Dutch Design Week was dit jaar The Infinity of the Artificial Skin, een collectie van tien gewaden van modecollectief LabledBy. Dat virtuele mode niet gelijk staat aan de nieuwe kleren van de keizer, blijkt uit de museale erkenning: de expositie Screenwear in Design Museum Den Bosch toonde najaar 2022 mode voor het beeldscherm.

Last year everyone was enchanted by NFTs, the digital ownership certificates that made it possible to securely trade digital files like animations and illustrations on the blockchain. These non-fungible tokens were sold off for staggering amounts, bringing tulip mania to mind. It wasn't likely to end well, and in fact, it didn't. Sales have dropped by 75% compared to last year, and there's no end in sight. Yet one segment of the NFT market is still on the rise: virtual fashion. Companies like Gucci and Balenciaga are now earning millions by selling online clothing in popular games like Roblox and Fortnite. But instead of needles and thread, designers are using pixels and software. Global advisory firm Deloitte predicts that the market for virtual clothing will surpass EUR 50 billion by 2030. One of the leading digital fashion houses is The Fabricant; the Amsterdam-based startup works with Adidas and Puma, and brought in EUR 13 million from Hollywood-star Ashton Kutcher's venture capital firm this spring. The first NFT drop at this year's Dutch Design Week was 'The Infinity of the Artificial Skin', a collection of 10 robes by fashion collective LabledBy. Museum recognition makes it clear that virtual fashion isn't the equivalent of the emperor's new clothes – in autumn 2022, Design Museum Den Bosch exhibited fashion on the screen.

Screenwear
Design Museum Den Bosch
IoDF X DAZ3D,
Catty 8.1 (2022)

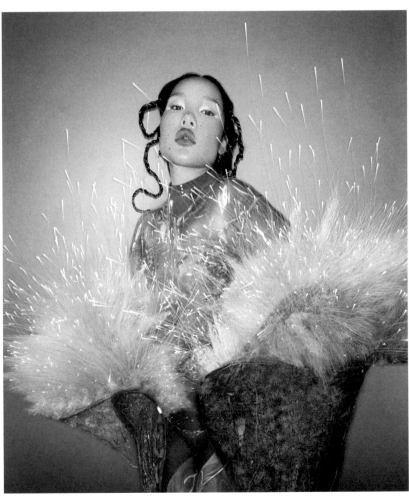

Screenwear
Design Museum Den Bosch
Atokirina coat and
Mandrake bodysuit by Auroboros (2021)

Design Year

Brand campaign NEXT
Image: The Stone Twins X DALL·E

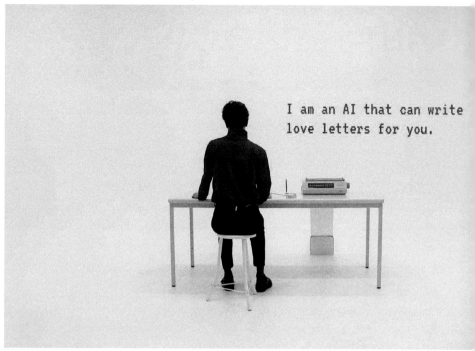

I am an AI that can write love letters for you
Photography: Bedrijf de Liefde

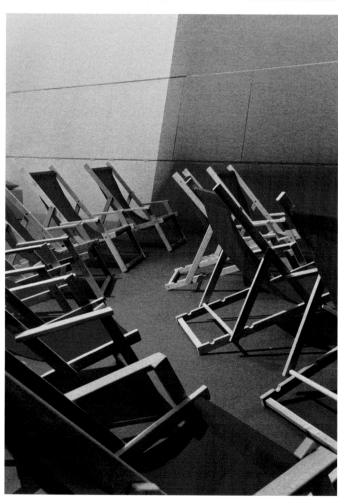

What would the world look like
if it were solar powered?
by Alice Wong and Crys Cool,
The Energy Show (2022)
Photography: Aad Hoogendoorn

Highlights

The artistic side of AI

De intrigerende illustraties, afkomstig van 'intelligente' tekensoftware als Midjourney, DALL-E en zelfs gewoon Google Imagen, trokken de aandacht van het ontwerpveld. Het is letterlijk en figuurlijk een beeldende voorbode van de impact die kunstmatige intelligentie zal hebben. Niet alleen op illustratie en grafische vormgeving overigens. 'Generative design', waarbij het ontwerpproces van een ruimtelijk object wordt ondersteund door reken- of tekensoftware, is op de TU's in Delft en Eindhoven een volwaardige studierichting. Voor de leek: de vloeiende stalen brug van startup MX3D in het Amsterdamse Wallengebied is een aansprekend voorbeeld van hoe met algoritmes de optimale vorm van een voorwerp kan worden berekend. Is dit een goede of slechte ontwikkeling? Die vraag houdt ontwerpers inmiddels bezig. Op zoek naar het antwoord wordt er ondertussen volop geëxperimenteerd met kunstmatige intelligentie. Frank Kolkman lanceerde in Design Museum Den Bosch zijn wervelende installatie Artificial Awe, een door een algoritme gegenereerde beeldenstroom die de beleving van zowel psychonauten als astronauten visualiseert. AI iets toegankelijker is de Love Letter Generator die op basis van slechts een paar woorden een vurige liefdesbrief voor je schrijft, een concept van de jonge ontwerpstudio Bedrijf De Liefde. Ontwerpstudio The Stone Twins lanceerde zelfs een kant-en-klare huisstijl voor het Amsterdamse restaurant NEXT met gebruik van DALL-E. Waar het allemaal toe gaat leiden is onzeker maar spannend is het nu al.

The intriguing illustrations, produced by 'intelligent' drawing software like Midjourney, DALL-E and even Google Images, grabbed the attention of the design field. It is both a literal and figurative visual precursor of the impact that artificial intelligence is set to have. And not only on illustration and graphic design. 'Generative design', where the design process for a spatial object is supported by computing or drawing software, is a degree programme in its own right at the technical universities in Delft and Eindhoven. For the layperson: the flowing steel bridge in Amsterdam's Red Light District, by start-up MX3D, is an appealing example of how algorithms can be used to calculate the optimal shape of an object. But is this a good or a bad development? This is the question currently on designers' minds. Working towards finding the answer, there's plenty of experimentation with artificial intelligence. At Design Museum Den Bosch, Frank Kolkman launched his effervescent installation 'Artificial Awe', a stream of images generated by an algorithm that visualises the experience of both psychonauts and astronauts. Somewhat more accessible is the 'Love Letter Generator', a concept from budding design agency Bedrijf De Liefde, which pens a passionate love letter based on only a few words. Design agency The Stone Twins even used DALL-E to launch an off the shelf visual identity for NEXT, a restaurant in Amsterdam. Where all of this will take us is uncertain, but it is certainly already exciting.

A Solar Movement

Eerst was er in september het boek Solar Futures. How to Design a Post-Fossil World with the Sun waarin ontwerper Marjan van Aubel het verleden, het heden en de toekomst van zonne-energie beschrijft aan de hand van talloze inspirerende projecten; van de allereerste zonnepanelen uit 1884 tot haar eigen energieopwekkende glazen dak van het Nederlands paviljoen op de World Expo 2020 in Dubai. Vervolgens organiseerde Van Aubel met haar 'solar sister' en modeontwerper Pauline van Dongen de allereerste Solar Biënnale met Rotterdam als uitvalsbasis. Naast The Energy Show in Het Nieuwe Instituut waren er tal van lezingen en presentaties. Als klap op de vuurpijl was Van Aubel ambassadeur van Dutch Design Week in Eindhoven, waar ze op Strijp-S een imponerende installatie bouwde van kleurige zonnepanelen, het Solar Pavilion. De drijfveer van deze missiedrang: "De zon is een – bijna – eeuwige en bovendien gratis energiebron. Daar moeten we meer gebruik van maken!"

It started in September with her book 'Solar Futures: How to Design a Post-Fossil World with the Sun', in which designer Marjan van Aubel describes the past, present and future of solar energy through a wide range of inspiring projects – from the very first solar panels in 1884 to her own electricity-generating glass roof on the Dutch pavilion at Expo 2020 in Dubai. Later that same month, Van Aubel organised the first-ever Solar Biennale with her 'solar sister' and fashion designer Pauline van Dongen, based in Rotterdam. And in addition to 'The Energy Show' at Het Nieuwe Instituut, she also gave several lectures and presentations. Finally, to top it all off, Van Aubel was the ambassador of Dutch Design Week in Eindhoven, where she built the Solar Pavilion – an imposing installation made up of colourful solar panels at Strijp -S. What's the driving force behind her mission? 'The sun is an eternal and nearly free energy source. We need to start using it more!'

Museums in a tight spot

Eind 2021 kwam Design Museum Den Bosch met de expositie GOTH. Designing Darkness, een indrukwekkende verbeelding van een duister levensgevoel aan de hand van tweehonderd jaar Romantische schilderijen, industriële spleen, zwarte kleding en bloedrode meubels, en uiteraard veel vleermuizen en doodskoppen. Het moment was welgekozen, middenin een dreigende tijd van lockdowns en ander sociaal isolement. Achteraf gezien bleek de timing zelfs visionair. Want voor musea is de somberheid allerminst verdwenen. De bezoekersaantallen zijn nog lang niet terug op het niveau van voor de coronapandemie. Vergeleken bij het topjaar 2019 is er zelfs een daling van 30%. De financiële druk op de culturele schatkamers wordt nog verhoogd door de stijgende (energie)kosten. In 2021 sloot 43% van de musea de boeken met rode cijfers; en dan nam het aantal tijdelijke en dus dure tentoonstellingen zelfs nog af met een derde. De verwachtingen voor dit inflatiejaar zijn niet veel beter. Vooral de kleinere instellingen in de provincie hebben het zwaar. Opvallend is dat Nxt Museum voor nieuwe mediakunst in Amsterdam met een relatief kleinschalig budget wél in staat is nieuwe – lees: jonge – doelgroepen te trekken. Dat geldt ook voor extreem 'Instagrammable' exposities als Remastered in Rotterdam, of Fabrique des Lumières met het werk van Klimt en Hundertwasser in de Westergas. Het kan dus wel, relevante en actuele exposities maken en tegelijk bezoekers trekken.

In late 2021, Design Museum Den Bosch presented the exhibition 'GOTH – Designing Darkness', an impressive portrayal of the darker side of life based on 200 years of Romantic paintings, industrial games, black clothes and blood-red furniture, as well as plenty of bats and skulls, of course. It was a perfectly chosen moment in the midst of impending lockdowns and other forms of social isolation. In retrospect, the timing was nothing short of visionary, because for many museums the gloom has not yet lifted. Visitor numbers are still nowhere near pre-coronavirus levels. Compared to the peak in 2019, totals have dropped by 30%. The financial pressure on these cultural treasure troves is being compounded by rising (energy) costs. In 2021, 43% of museums closed their books in the red; in addition, the number of temporary, and therefore expensive, exhibitions decreased by a third. Expectations for this inflation-plagued year are not much better, and smaller institutions outside of big cities are facing tough times. It's notable that Amsterdam's Nxt Museum for new media art is attracting new (read: young) audiences with a fairly limited budget. The same goes for extremely instagrammable exhibitions like 'Remastered' in Rotterdam, and 'Fabrique des Lumières' featuring the work of Klimt and Hundertwasser at the Westergas. They are proving that it's possible to create timely, relevant exhibitions that also attract new visitors.

Nxt Museum's Hallway showing Viatrix's Odyssey,
by Harriet Davey
part of _UFO - Unidentified Fluid Other_ (2022)
Photography: Gert Jan van Rooij

NU RADIO WORLD TOUR
by Oseanworld
part of _UFO - Unidentified Fluid Other_ (2022)
Photography: Gert Jan van Rooij

Design Year

Have we met?
Humans and Non-humans on Common Ground
Het Nieuwe Instituut
Photography: Cristiano Corte

Better Future Now Festival
Photography Waag Futurelab

All Cops Are
Atelier Yuri Veerman and the Dutch National Police Corps
(Marjon van Gelderen, Lotte Asma en Arnoud Grootenboer)
Image: Jokko Voogt

Highlights

Nature gets her say

Op 22 april 2022 riep Het Nieuwe Instituut zichzelf uit tot een zoöp, de eerste van Nederland zelfs. Binnen een zoöp – een combinatie van zoë (het Griekse woord voor 'leven') en coöperatie – zijn mensen en andere levensvormen als planten en dieren gelijkwaardig. Oftewel: wat telt is het belang van al het leven. Het werd ook wel eens tijd; we stevenen met het klimaat in hoog tempo op de afgrond af en ecosystemen als de zeebodem of oerbossen staan onder grote druk. Daarom moeten we op zoek naar een nieuw evenwicht tussen mens en natuur. Dat kunnen we niet alleen aan de politiek overlaten. Vandaar de introductie van de zoöp, een alternatief organisatiemodel voor een overheidsinstelling, commercieel bedrijf, stichting, verenigingsbestuur of wat voor samenwerking dan ook. Het Nieuwe Instituut zal de komende jaren fungeren als proefmodel waarin de levende natuur letterlijk een stoel aan de gesprekstafel krijgt. Het initiatief wordt inmiddels breed onderschreven; Have we met? Humans and Non-humans on Common Ground, het zoöp-paviljoen van Het Nieuwe Instituut op de Triënnale van Milaan, werd onderscheiden met de Golden Bee Award.

On 22 April 2022, Het Nieuwe Instituut declared itself a 'zoöp' – the first of its kind in the Netherlands. Within a zoöp – a combination of zoë (the Greek word for 'life') and cooperative – people and other life forms such as animals and plants are considered equal. In other words, what matters is the importance of all life. And it's about time; we're quickly heading towards the abyss with the climate, and ecosystems like the ocean floor and rainforests are in distress. We therefore need to find a new balance between humans and nature, and we cannot leave it to politicians alone. That's where the zoöp comes in – it's an alternative organisational model for government institutions, commercial businesses, foundations, executive boards and any other kind of collaboration. In the years ahead, Het Nieuwe Instituut will serve as a test case where natural life will literally be given a seat at the table. The initiative is already being widely embraced. 'Have we met? Humans and Non-humans on Common Ground', Het Nieuwe Instituut's zoöp pavilion at the Milan Triennial, was the recipient of the Golden Bee Award.

Design in times of crisis

Juist in tijden van crisis kan design werkbare en realistische oplossingen aandragen. Dat is het uitgangspunt van het boek Design Emergency van Alice Rawsthorn dat in 2022 verscheen. Inderdaad zijn er diverse voorbeelden in Nederland die haar betoog benadrukken. Niet voor niets was Get Set het thema van de laatste editie van Dutch Design Week – een voorbereiding op uitdagingen als de klimaatcrisis, de oorlog in Oekraïne, ongelijkheid en vele andere vraagstukken. Het social-designduo Tabo Goudswaard en Jetske van Oosten beschrijft in het boek Maakkracht hoe je met een overzichtelijke vijf-stappen-methode problemen aanpakt als maker en kan aanzetten tot blijvende verandering. Bijzonder aan deze nieuwe 'veranderkracht' van ontwerpers is dat iedereén bij deze missie wordt betrokken. Zo informeert het Waag Futurelab burgers over privacy en data, en betrekt ze bij het debat over de spelregels van ons economische systeem via het innovatieve programma Better Future Now. Het initiatief Designalism maakt nieuwsvoorziening toegankelijk voor jongeren, ouderen en alles daar tussenin met een innovatieve mix van kunst, journalistiek en technologie. En Yuri Veerman maakt met zijn project All Cops Are burgers ervan bewust dat achter elke politieagent ook een mens schuilgaat. De betere wereld begint bij een ontwerper – en bij jezelf.

It is precisely in times of crisis that design can put forward workable and realistic solutions. That is the premise of Alice Rawsthorn's book 'Design Emergency', which was published in 2022. And indeed, there are several Dutch examples to support her argument. There's a reason why 'Get Set' was the theme of the last edition of Dutch Design Week – it was to prepare for challenges like the climate crisis, the war in Ukraine, inequality and many other issues. In their book 'Maakkracht' ('the power of making'), social design duo Tabo Goudswaard and Jetske van Oosten describe how makers can use a clear five-step method to tackle problems and encourage lasting change. What's special about designers' new 'power of change' is that the mission involves everyone. For example, the Waag Futurelab informs citizens about privacy and data, and includes them in the debate about our economic system's rules of engagement through their innovative 'Better Future Now' programme. The Designalism initiative is making the news more accessible for young people, the elderly, and everyone in between with an innovative mix of art, journalism and technology. And with his project 'All Cops Are', Yuri Veerman is making residents aware that there's a regular person behind every police officer. It's clear that a better world starts with designers – and with yourself.

Activism goes mainstream

Cancelcultuur, LGBTQIA+, #metoo en sexting. Uiteraard Black Lives Matter. Maar ook nieuwere fenomenen als ecofeminisme en wokisme. Er is bijna geen onderwerp in het maatschappelijk debat waarin inclusiviteit en ongelijkheid geen rol spelen. Steeds vaker nemen ontwerpers in deze discussies een activistische positie in, zonder concessies te doen aan de ontwerpkwaliteit. Zo won de Amsterdamse typograaf Lara Captan diverse prijzen met haar lettertype YouTube Sans Arabic, waaronder de internationale Typeface Design Competition 2022. Reclamebureau The Family bedacht de bewustwordingscampagne My name is Peter, waarin vrouwen werd gevraagd hun naam op LinkedIn te veranderen in 'Peter' om hun kansen om CEO te worden te vergroten. Het kinderboek Seks is niks geks van Steef Liefting dat seksuele taboes bespreekbaar maakt is geselecteerd door de Best Verzorgde Boeken en te zien in het Stedelijk Museum in Amsterdam. Het digitale platform WTFFF!? voor slachtoffers van seksueel geweld of intimidatie van creative studio Morrow in opdracht van Slachtofferhulp won een Dutch Design Award. Seksueel Welzijn Nederland, opgericht door de begin 2022 overleden seksuoloog Ellen Laan, bepleit speels een seksueel beschavingsoffensief; studio TOMIS ontwikkelde het merkverhaal, de visuele identiteit en de website. En Circus Andersom kwam met het Sexpack Leuterbier. Als mannen op een andere manier leren praten over seksualiteit en hun gevoelens, kan dat grensoverschrijdend gedrag helpen voorkomen, zo is de gedachte. De lijst met geëngageerd topontwerp groeit nog steeds. Stuk voor stuk volstrekt origineel, totaal integer en vooral compleet verschillend. En telkens van eenzelfde hoge kwaliteit. Nog niet eerder zag activisme er zo goed uit.

Cancel culture, LGBTQIA+, #metoo and sexting. And of course Black Lives Matter. But also more recent phenomena like ecofeminism and wokeism. Inclusivity and equality play a role in almost every subject of social debate. With increasing regularity, designers are adopting an activistic standpoint in these discussions, without making concessions to design quality. With her typeface YouTube Sans Arabic, Amsterdam-based typographer Lara Captan, for example, won various awards including the international Typeface Design Competition 2022. Advertising agency The Family devised the 'My name is Peter' awareness campaign, which invited women to change their name to 'Peter' on LinkedIn, to boost their chances of becoming a CEO. Steef Liefting's children's book 'Seks is niks geks' ('There's nothing weird about sex'), which helps open sexual taboos up for discussion, has been selected by the Best Dutch Book Designs and is on display at the Stedelijk Museum Amsterdam. The digital platform WTFFF!? for victims of sexual violence or intimidation, by creative agency Morrow and commissioned by the Victim Support Fund, won a Dutch Design Award. Seksueel Welzijn Nederland (Sexual Wellbeing Netherlands), founded by sexologist Ellen Laan, who died early in 2022, champions a playful and sexual civilising offensive; Studio TOMIS developed the brand story, the visual identity and the website. And Circus Andersom introduced the 'Sexpack Leuterbier'. The idea behind this is that if men learn a new way of talking about sexuality and their feelings, inappropriate behaviour may be avoided. The list of engaged top design continues to grow. Each of them original, genuine and primarily completely different. And invariably of the same high quality. Activism never looked so good.

Sexpack Leuterbier
by Circus Andersom

Seksueel Welzijn Nederland
by studio TOMIS
Text: BuitenZinnen

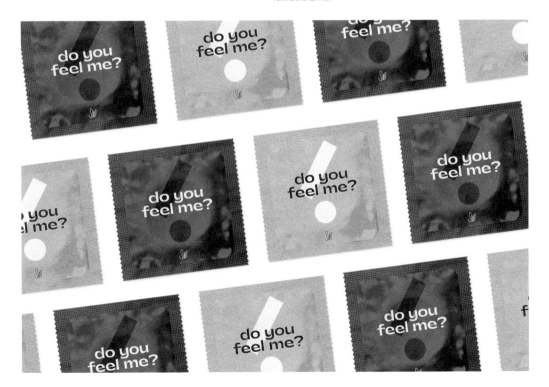

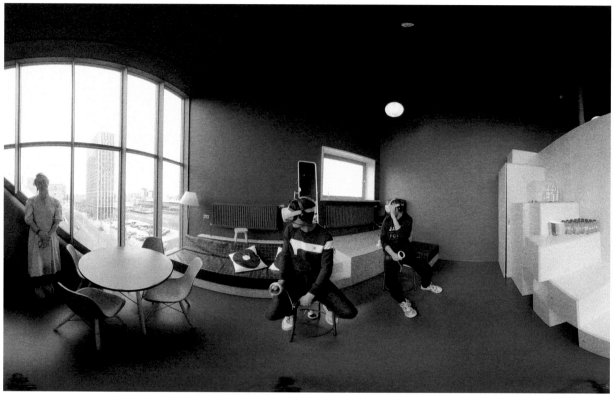

Alsof ik je al ken...
by Fabrique, TU Delft and municipality of Eindhoven

Moon Cleaner
exhibited at RetroFuture
Evoluon

Highlights

Innovating with immersive content

Tijdens de coronapandemie brachten we ruim een derde van onze tijd door op het internet. Over tien jaar zal dat meer dan de helft zijn, corona of niet – dat becijferde de Amerikaanse zakenbank Ark Invest. Het wordt een nieuw internet waar we niet 'op' maar 'in' gaan, met virtual en augmented reality. Toetsenbord en muis worden verruild voor speciale brillen, spraakbesturing, hologrammen en wie weet zelfs motion suits. De metaverse, zoals deze onlinewereld is gedoopt, wordt in de techwereld gezien als de grootste uitvinding sinds het internet. Meta, het moederbedrijf van Facebook en Instagram, investeerde alleen al dit jaar 11 miljard euro in de ontwikkeling van deze virtuele werelden waar we kunnen winkelen, werken, gamen en socializen. Dus zit ook de Nederlandse ontwerpwereld niet stil. Met het gezamenlijke programma Innovatielabs ondersteunen het Stimuleringsfonds Creatieve Industrie en CLICKNL initiatieven als Touched by a Hologram en The New Social, waarin diverse ontwerpstudio's en culturele instellingen samen experimenteren met technologie. CLICKNL lanceerde op de valreep van het jaar de Creative Industries Immersive Content Coalition (CIICC), een gezamenlijke subsidieaanvraag bij het Nationaal Groeifonds van 80 miljoen voor de ontwikkeling van onder meer ar- en vr-technologie. Want, zo is de gedachte, deze immersive content kan in belangrijke mate bijdragen aan oplossingen voor maatschappelijke problemen. Denk aan trainingen in de gezondheidszorg of onderwijs. Dat het werkt blijkt uit het pilotproject Alsof ik je al ken... van ontwerpbureau Fabrique in samenwerking TU Delft en de gemeente Eindhoven. Door met een vr-set ondergedompeld te worden in elkaars leefwereld, ontstond er empathie tussen jongeren die rondhanden in het winkelcentrum en klagende omwonenden.

During the coronavirus pandemic we spent more than a third of our time online. In ten years, it will be more than half – COVID-19 or not – according to calculations by American investment bank Ark Invest. Yet we won't go 'on' this new kind of internet; we'll go 'into' it using virtual and augmented reality. A keyboard and mouse will be replaced by special glasses, voice commands, holograms, and perhaps even motion suits. The metaverse, as this online world is called, is being hailed by the tech world as the greatest invention since the internet. This year alone, Meta, the parent company of Facebook and Instagram, has invested EUR 11 billion in the development of virtual worlds where we will be able to shop, work, play games and socialise. The Dutch design world is also getting in on the action. With their joint programme Innovation Labs, the Creative Industry Funds NL and CLICKNL are supporting initiatives like Touched by a Hologram and The New Social, where different design studios and cultural institutions are collaboratively experimenting with technology. At the very end of this year, CLICKNL launched the Creative Industries Immersive Content Coalition (CIICC), a joint funding application for EUR 80 million from the National Growth Fund for, among other things, the development of AR and VR technology. The idea is that immersive content can significantly contribute to solutions for social problems, including training for the healthcare and education sectors, for example. And based on the results of the pilot project 'Alsof ik je al ken...' ('Like I already know you...') by design agency Fabrique, in cooperation with TU Delft and the city of Eindhoven, it seems to work. By immersing themselves in each other's living environment using a VR headset, both young people hanging out at a shopping centre and complaining local residents became more empathetic.

Looking back is looking forward

Nu de toekomst steeds onzekerder is, wordt de blik ook vaker op het verleden gericht. Wellicht dat daar suggesties of zelfs oplossingen voor de huidige crisis zijn te vinden. Het afgelopen jaar werd uitgebreid stil gestaan bij 1972. Toen al verscheen het roemruchte rapport van de Club van Rome waarin een pessimistisch klimaatbeeld werd geschetst dat met de dag meer voorspellend lijkt. In het MoMA in New York stond de expositie The New Domestic Landscape die juist een optimistische visie op de woonhuizen van de toekomst verbeeldde, waarin technologie met beeldschermen en interactieve apparaten in het alledaagse leven was geïntegreerd. Kortom, het verleden was nog nooit zo actueel. Zonder de neiging tot nostalgie worden beproefde stijlen naar de huidige tijd vertaald. Het toppunt van retro was de heropening van het Evoluon, de toonkamer van de toekomst in de jaren zeventig en tachtig, met nota bene de expositie RetroFuture door Next Nature Network. Aan de hand van een tiental historische en tegelijk actuele scenario's wordt verkend in hoeverre de toekomst zich laat voorspellen. Daar kunnen we nog jaren mee vooruit.

As the future becomes increasingly uncertain, the more we look to the past. Perhaps it can offer suggestions or even solutions to our current crisis. Over the last year there was extensive interest in 1972, when an illustrious report was published by the Club van Rome. It sketched a pessimistic view of the climate, and seems more predictive by the day. At the same time, 'The New Domestic Landscape' exhibition at the MoMA in New York portrayed an optimistic vision of homes of the future, in which technology with screens and interactive devices were integrated into everyday life. In other words, the past has never been so relevant. Free from nostalgic tendencies, tried and tested styles are being reinterpreted for modern times. The height of retro was the reopening of the Evoluon, the showroom of the future in the 1970s and 1980s, including the 'RetroFuture' exhibition by Next Nature Network. Based on dozens of historic and at the same time current scenarios, it explores to what extent the future can be predicted. That will keep us busy for years to come.

DeLorean at RetroFuture
Evoluon

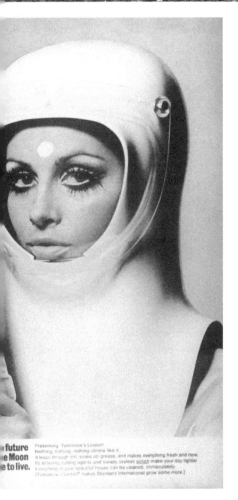

Future Fair at RetroFuture
Evoluon

Design Year

Allow us to return you to the phenomenon of chaos. Because there might be a workaround – or, in fact, a workout. Over the course of a decade, Driving Dutch Design grew into a 'fitness programme' that helps designers to become more professional and self-aware. The programme helped the participating designers – often at a turning point in their careers – to improve: through greater focus, or through a complete change of direction. Fountain of ideas Timon Vader racked his brains with the question of what chaos actually means, and reached a comforting conclusion. Chaos can be rewarding, if you keep a cool head.

Toch nog even terug naar het fenomeen chaos. Want er is misschien een workaround – of eigenlijk een workout. Driving Dutch Design ontwikkelde zich in tien jaar tot een 'fitnessprogramma' dat designers helpt professioneler en zelfbewuster te worden. De deelnemende ontwerpers – vaak op een kantelpunt in hun carrière – werden er beter van: door meer focus, of door het roer totaal om te gooien. Ideeënfontein Timon Vader pijnigde zijn brein met de vraag wat chaos nu eigenlijk betekent, en kwam tot een geruststellende conclusie. Chaos kan veel brengen, als je je hoofd koel houdt.

Driving Dutch Design, het professionaliserings- en netwerkprogramma van ABN AMRO, Beroepsorganisatie Nederlandse Ontwerpers (BNO) en Dutch Design Foundation, bestaat tien jaar en staat als een huis. Tijd voor feest, een terugblik en een visie op de toekomst aan de hand van gesprekken met enkele 'Drivers' en andere betrokkenen. "Zie het programma als een personal trainer: wil je fit worden, dan moet je een lange periode elke week naar de sportschool."

uscle emory

Words: <u>Viveka van de Vliet</u>

Brick by Brick (2021)
by Kars + Boom
Photography:
Studio Roza Schous

Driving Dutch Design, the professionalisation and networking programme of ABN AMRO, the Association of Dutch Designers (BNO) and Dutch Design Foundation, has been around for 10 years and is stronger than ever. So, it's time to celebrate, reflect on the past and look to the future through conversations with selected 'Drivers' and other stakeholders. 'This programme is a lot like a personal trainer: If you want to get in shape, you have to spend a lot of time at the gym every week.'

165

De Mantelzorgsimulator ('The Informal Care Simulator')
by Muzus (2020)

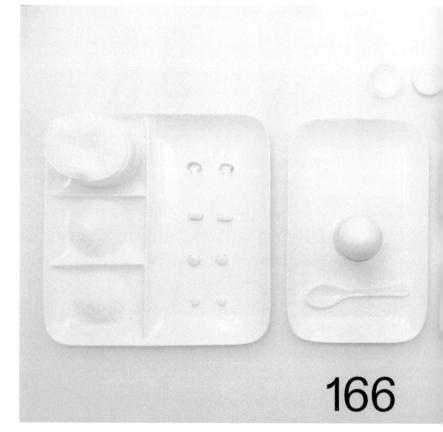

Interview

'Driving Dutch Design was so valuable because it broadened our horizons and taught us things we'll take with us throughout the rest of our career.'

– Sanne en Neele Kistemaker (Muzus)

Veel creatieven die deelnemen aan Driving Dutch Design hebben gereedschap nodig om te professionaliseren. Want alleen een getalenteerde designer zijn is niet voldoende. Driving Dutch Design helpt hen op weg in de wereld van het creatief ondernemerschap. "We helpen de Drivers, de deelnemers aan het traject, vooral om focus te krijgen binnen hun praktijk. Daar is het hele afgelopen decennium de nadruk op blijven liggen", zegt programmamanager Patrick Aarts Sen.

Het was 2013, ABN AMRO trad het jaar daarvoor aan als hoofdsponsor van Dutch Design Week en Patrick was verantwoordelijk voor het educatieaanbod van de BNO, dat toen vooral bestond uit eendaagse trainingen. "We merkten dat ontwerpers die na hun afstuderen voor zichzelf begonnen sterk behoefte hadden aan het ontwikkelen van ondernemersskills, en daar hadden wij toen nog geen uitgebreider programma voor."

Een trainingsprogramma voor creatieve ondernemers was onderdeel van de afspraken tussen ABN AMRO en Dutch Design Week. Vanwege de ervaring met het trainen van ontwerpers, werd de BNO als derde partner betrokken bij de plannen. Driving Dutch Design startte als een doordruk van de Fashion Fasterclass, waarbij ABN AMRO de Amsterdam Fashion Week sponsorde en workshops creatief ondernemen gaf aan modeontwerpers als Matthijs van Bergen, Pauline van Dongen en Bas Kosters.

In tegenstelling tot wat vaak werd gedacht, was ABN AMRO niet de enige sponsor van Driving Dutch Design. De bank – die volgend jaar plaatsmaakt voor Stichting Stokroos als belangrijke financier van het traject – was één van de drie partners naast Dutch Design Foundation en de BNO. De bank dacht ook inhoudelijk mee en leverde coaches die hun zakelijke kennis en ervaringen inzetten om in de ontwerpsector kleine ondernemers en startups verder te helpen bij hun professionalisering.

Many of the creatives who participate in Driving Dutch Design need the tools to professionalise. Because being a talented designer is simply not enough. Driving Dutch Design gives them a helping hand in the world of creative entrepreneurship. 'We primarily help the Drivers – the participants in the programme – gain more focus within their practice. That's been the emphasis for the whole of the past decade', says programme manager Patrick Aarts Sen.

It was 2013, ABN AMRO had come on board as the main sponsor of Dutch Design Week the year before, and Patrick was responsible for the BNO's educational offering, which mainly consisted of one-day trainings at the time. 'We noticed that designers who started working for themselves right after graduation had a strong need to develop entrepreneurial skills. Back then, we didn't have an extensive programme to address that.'

A training programme for creative entrepreneurs was part of the deal between ABN AMRO and Dutch Design Week. Because of their experience training designers, the BNO was in pulled into their plans as the third partner. Driving Dutch Design started out as an offshoot of the Fashion Fasterclass, where ABN AMRO sponsored Amsterdam Fashion Week and gave workshops on creative entrepreneurship to fashion designers like Matthijs van Bergen, Pauline van Dongen and Bas Kosters.

Contrary to popular belief, ABN AMRO wasn't the only sponsor of Driving Dutch Design. The bank – who will be replaced by Stichting Stokroos next year as the project's primary financier – was one of three sponsors alongside Dutch Design Foundation and the BNO. The bank also contributed ideas for the programme and provided coaches who used their business expertise and experience to help small businesses and startups in the design sector become more professional.

Muscle Memory

'In the early years after the academy, we were willing to do any kind of assignment. We had to earn money. But after Driving Dutch Design, we went in a completely different direction.'

– Cynthia Boom (Kars + Boom)

RADICAAL HET ROER OM

In de pilotperiode lag de nadruk voornamelijk op de zakelijke kanten en er werd nog niet toegewerkt naar een gezamenlijke presentatie tijdens Dutch Design Week. Voor Sanne en Neele Kistemaker, Drivers van het eerste uur, was Driving Dutch Design een uitgelezen kans om een zakelijke volgende stap te zetten binnen hun social-designbureau Muzus. "We bestonden vijf jaar, hadden vijf medewerkers maar wisten niet precies hoe we het beste konden groeien. Wat is het beste verdienmodel? En wat de beste bedrijfsinrichting? We vulden onze dagen met het maken van toffe oplossingen voor maatschappelijke vraagstukken, maar hadden nog nooit de tijd genomen om op onszelf en onze praktijk te reflecteren", zegt Sanne.

Ook al namen toentertijd vooral startende ontwerpers deel aan het programma, zij wisten de meer ervaren ontwerpers van Muzus toch te inspireren. Het bureau volgt nog steeds veel creatieve ondernemers uit die tijd en heeft Kaila Vreeken, Driver uit 2017, aangenomen als medewerker. "We hebben vooral geleerd om op andere manieren naar ons verdienmodel te kijken. We zijn onze dienstverlening op drie gecombineerde manieren gaan aanbieden: projecten voor klanten, eigen geïnitieerde projecten in consortia, en trainingen. Het zorgde voor spreiding en stabiliteit binnen ons bureau en voor heldere, bewustere keuzes", zegt Sanne. "Driving Dutch Design is zo waardevol omdat het onze horizon heeft verbreed en we dingen leerden die we de rest van onze loopbaan meenemen."

Het bureau heeft inmiddels een eigen Muzus Academy en Muzus Club, bestaat vijftien jaar en is uitgegroeid tot een

RADICALLY CHANGING COURSE

During the pilot phase, the main focus was on the business side of things; they were not yet working on the joint presentation for Dutch Design Week. For Sanne and Neele Kistemaker, Drivers from day one, Driving Dutch Design was an outstanding opportunity to take the next business step with their social design agency Muzus. 'We had existed for five years, had five employees, but weren't exactly sure how best to grow. What was the best business model? And the best way to structure our company? We spent our days creating cool solutions to social problems, but had never taken the time to reflect on ourselves and our practice', says Sanne.

Most of the programme's participants were just at the start of their career back then, but they still managed to inspire the more experienced Muzus designers. The agency is still in touch with many of the creative entrepreneurs from that time, and they have even hired Kaila Vreeken, a Driver from 2017. 'The biggest thing we learned was to look at our business model from different perspectives. We've started offering our services in three combined ways: projects for clients, self-initiated projects in consortiums, and training courses. It ensured workload distribution and stability throughout the agency, as well as clearer, more conscious decision-making', Sanne says. 'Driving Dutch Design was so valuable because it broadened our horizons and taught us things we'll take with us throughout the rest of our career.'

The agency now has its own Muzus Academy and Muzus Club, has been around for 15 years and has grown into a mature company with just under 20 employees. And they think it's time for another growth spurt. 'We're ready for "Driving Dutch Design Stage 2".'

Some creatives drastically change course after participating in Driving Dutch Design. That was true for Cynthia Boom and Kevin Kars who founded design studio Kars + Boom in 2010. They took part in 2015, when Lidewij Veenland was coordinating the programme. The most important question that the designers came in with was: We want to grow, but what does it take to do that? In less than a year, they left with a clear decision: don't hire anyone new and go back to the basics. The designers – who made products, objects, installations,

volwassen bedrijf met een kleine twintig medewerkers. Ze vinden het tijd voor een nieuwe groeisprong: "Wij zien 'Driving Dutch Design Stage 2' wel zitten."

Soms gooien creatieven door hun deelname aan Driving Dutch Design het roer radicaal om. Dat gold voor Cynthia Boom en Kevin Kars van de in 2010 gestarte designstudio Kars + Boom. Zij namen in 2015 deel, in de tijd dat Lidewij Veenland het programma coördineerde. De belangrijkste vraag waarmee de twee ontwerpers binnenkwamen was: we willen groeien, maar wat is daarvoor nodig? Na een klein jaar gingen ze naar huis met een duidelijke keuze: juist geen nieuwe mensen aannemen maar terug naar de basis. De ontwerpers, die producten, objecten, installaties, geïllustreerde verhalen en prints maken, besloten alleen nog klussen aan te nemen waar hun hart sneller van gaat kloppen en waar ze goed in zijn. Cynthia: "In de beginjaren na de academie vonden we alle opdrachten prima. We moesten geld verdienen. Na Driving Dutch Design gooiden we het roer om." Kars + Boom nam het moeilijke maar dappere besluit om te stoppen met hele grote opdrachtgevers die niet bij hen pasten. Dat betekent ook dat als de vraag afwijkt van de stijl waarin ze het liefst werken, ze een potentiële opdrachtgever verwijzen naar een andere studio. "Driving Dutch Design heeft ons dus veel gebracht: meer duidelijkheid, plezier en focus."

Op de presentatie tijdens Dutch Design Week dat jaar lieten ze zien waar ze trots op waren: een printserie, die bezoekers tot hun verbazing wilden kopen. Dit werk vormt nu een van de pijlers van de studio met zo'n dertig procent vrij werk tussen design en kunst in. De commerciële opdrachten zoals huisstijlen en infographics hebben Kars en Boom recentelijk ondergebracht in hun nieuwe Ontwerpstudio Vorm. Nog meer duidelijkheid dus.

illustrated stories and prints – decided only to take on projects that they were good at and made their heart skip a beat. According to Cynthia, 'In the early years after the academy, we were willing to do any kind of assignment. We had to earn money. But after Driving Dutch Design, we went in a completely different direction.'

Kars + Boom make the difficult but brave decision to stop working with big clients that aren't a good match. And that means that if a request diverges from their preferred way of working, they'll refer potential clients to another studio. 'We got so much out of Driving Dutch Design: more clarity, fun and focus.'

At the Dutch Design Week presentation that year, they exhibited what they were proud of: a series of prints, which to their surprise visitors wanted to buy. This type of work now makes up one of the studio's pillars – about 30 percent is self-initiated and falls somewhere between art and design. Kars and Boom have recently housed commercial projects such as visual identities and infographics under their new design studio Vorm ('form'), bringing even more clarity to their work.

A New Larger Outer City by
Kars + Boom

Kars + Boom with Timmy
Photography: Studio Roza Schous

Muscle Memory

Bram de Vos
Photography: Jonas Görgen

Shitshow, Uprooting Agro-Sytems (2022)
by Bram de Vos Studio
Photography: Jonas Görgen

Interview

'The puzzle pieces are falling into place – I can now better position and present myself, and feel much more comfortable in my role.'

– Bram de Vos

HET COLLECTIEF ALS KOEKOEKSJONG

Het programma ontwikkelde zich intussen verder. Onder Marsha Simon, van 2016 t/m 2019, lag de focus meer op trainingen; zij bracht groei-expert Paul Hughes en toneeldiva Karin Bloemen binnen. Met hun waardevolle masterclasses droegen zij bij aan de gezamenlijke eindpresentatie tijdens Dutch Design Week, sinds de derde editie een vast onderdeel van het programma. "Het is alleen zo groot geworden dat het haast als een koekoeksjong alle andere onderdelen overvleugelde", vindt Patrick. "Ontwerpers beginnen aan Driving Dutch Design met individuele vragen om hun eigen praktijk te verbeteren, terwijl het programma met de presentatie op Dutch Design Week als slotstuk vooral gericht leek op het collectief. Na die week sta je echter weer als individu in je eigen studio", zegt hij. Daarom zorgt hij, sinds hij het programma coördineert en mede op verzoek van de Drivers, dat bij Driving Dutch Design weer de nadruk ligt op individuele doelen en behoeften.

Het professionaliseringsprogramma blijft onverminderd relevant. "Nederlandse ontwerpopleidingen zijn goed in conceptueel denken, het bevragen van jezelf als ontwerper of de samenleving en het vinden van creatieve oplossingen voor problemen. Maar als je afstudeert, ben je vaak niet klaar om te beginnen als zelfstandig ondernemer", weet Patrick. Veel ontwerpers focussen op het ontwerpen en voelen zich onwennig en oncomfortabel bij het ondernemen. Daar formuleert de BNO een antwoord op. "Wij bieden handvatten zodat ze zich minder ongemakkelijk voelen, we laten zien dat ondernemen net als ontwerpen een creatief proces is."

Hoe zorg je dat je werk de aandacht krijgt die het verdient? Hoe presenteer je je werk aan opdrachtgevers? Hoe vertel je een helder en overtuigend verhaal over wat jij nu eigenlijk doet als speculatief of social designer?

Neem ruimtelijk ontwerper Bram de Vos die in 2021 deelnam aan Driving Dutch Design met de vraag: moet ik de twee richtingen van mijn studio, interactive design en system design,

THE COLLECTIVE AS A PARASITE

Meanwhile, the programme continued to evolve. Under Marsha Simon, from 2016 to 2019, there was a stronger focus on training; she brought in growth-expert Paul Hughes and Dutch theatre diva Karin Bloemen. With their valuable masterclasses, they contributed to the joint final presentation during Dutch Design Week, which had become a permanent part of the programme since the third edition. However, in Patrick's opinion, 'It just got so big that it overpowered everything else, like some sort of parasite. Designers join Driving Dutch Design with individual questions related to improving their own practice, while the programme with the presentation at Dutch Design Week as the grand finale mainly seemed to focus on the collective. But after that week, you're back in your studio on your own.' That's why, since he's been coordinating the programme, and partly at the request of the Drivers themselves, he's ensuring that the emphasis of Driving Dutch Design is once again on individual goals and needs.

The professionalisation programme remains as relevant as ever. 'Dutch design degrees are good at conceptual thinking, questioning society and yourself as a designer, and finding creative solutions to problems. But once you graduate, you're often not prepared to start working as an independent professional', Patrick explains. Many designers focus on the design aspect, and feel awkward or uncomfortable doing business. The BNO is solving that problem. 'We give them the tools to reduce that discomfort; we show them that entrepreneurship is a creative process, just like design.'

'This programme is a lot like a personal trainer: If you want to get in shape, you have to spend a lot of time at the gym every week.'

– Ernestien Idenburg

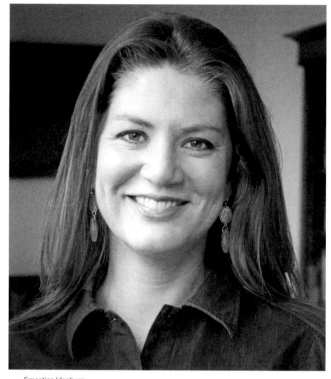

Ernestien Idenburg
Photography: Nick Lynch

How can you make sure your work gets the attention it deserves? How should you present your work to clients? How do you tell a clear, convincing story about what you actually do as a speculative or social designer?

Take spatial designer Bram de Vos, for example. He participated in Driving Dutch Design in 2021 with the following question: Should I combine the two different directions at my studio – interactive design and system design – or should I just pick one? He describes his situation by saying, 'I didn't have a network in the field of system design. I was very ambitious, but didn't think anyone was interested in what I did. I struggled to explain my story and didn't know exactly who I should be working with: local governments, architecture firms or investors?'

Through conversations with his fellow Drivers and coaches, and by participating in masterclasses and pitches, his story became clearer and his preference was obvious: designing new systems for the future. Bram's role is bringing different parties together and finding solutions to current issues that are arising in urban and rural areas, such as those related to climate, water, energy and food.

For him, Driving Dutch Design kick-started a new series of assignments and collaborations, including three projects that he exhibited at various locations during Dutch Design Week. 'The puzzle pieces are falling into place – I can now better position and present myself, have learned so much about the business side of things, and feel much more comfortable in my role.'

combineren of juist kiezen voor één richting? "Ik had geen netwerk in system design, had veel ambitie maar dacht dat niemand erop zat te wachten. Ik kon mijn verhaal moeilijk uitleggen en wist niet met wie ik precies moest samenwerken: gemeenten, architectenbureaus of investeerders?", schetst hij zijn situatie. Door gesprekken met mede-Drivers en coaches, en door de masterclasses en pitches kreeg hij meer inzicht, werd zijn verhaal helder en zijn voorkeur steeds duidelijker: het ontwerpen van nieuwe systemen voor de toekomst. De rol van Bram is het samenbrengen van partijen om een antwoord te bieden op actuele problemen die zich voordoen in stedelijke en landschappelijke gebieden zoals het klimaat, water, energie en voedsel.

Driving Dutch Design werd voor hem de kickstart van een hele reeks opdrachten en samenwerkingen, waaronder drie projecten die hij tijdens Dutch Design Week op verschillende locaties toonde. "De puzzel wordt steeds duidelijker, ik kan me beter presenteren en profileren, heb zakelijk veel geleerd en mijn rol voelt comfortabeler."

Interview

BRUG TUSSEN TWEE WERELDEN

Coach Ernestien Idenburg levert een waardevolle bijdrage aan het programma met haar masterclasses. Ze kan een brug slaan tussen beide werelden, want zij is zowel thuis in de creatieve als in de zakelijke wereld. Ernestien studeerde rechten, werd advocaat en studeerde vervolgens Interieurarchitectuur aan Central Saint Martins in Londen.

Ernestien heeft in de afgelopen zes Driving Dutch Design-edities, waarbij ze elke keer een drietal masterclasses voor haar rekening nam, al tientallen creatieve ondernemers met succes vooruitgeholpen. "Ik snap waar ontwerpers mee worstelen én kan de zakelijke aspecten begrijpelijk maken door het geven van voorbeelden uit mijn praktijk die de Drivers kunnen toepassen in hun eigen situatie", zegt ze.

Ze leert de Drivers bedrijfsmatig te denken. "Mijn doel is om ze te leren kijken naar hun praktijk als een ondernemer. En ik geef ze zoveel mogelijk informatie mee over financiën, marketing en acquisitie zodat ze die tools ook kunnen inzetten op de momenten waarop ze het later nodig hebben."

De vragen waar nagenoeg alle Drivers mee rondlopen zijn in de loop der jaren onveranderd. "Ze zoeken focus binnen hun praktijk. Dat is meteen ook de grootste bijdrage van Driving Dutch Design, dat de middelen aanreikt om focus en balans te realiseren, zodat creatieve talenten keuzes maken en doen waar

BRIDGE BETWEEN TWO WORLDS

With her masterclasses, coach Ernestien Idenburg makes a valuable contribution to the programme. She builds a bridge between both worlds, because she's equally at home in both creative and business circles. Ernestien studied law, became a lawyer, and then went on to study interior architecture at Central Saint Martins in London.

Ernestine has conducted a trio of masterclasses at each of the past six editions of Driving Dutch Design, successfully supporting the progress of dozens of creative entrepreneurs along the way. 'I understand the challenges that designers are facing and can make different aspects of running a business easy to understand by using examples from my practice that the Drivers can apply to their own situation', she says.

She teaches the Drivers how to be business-minded. 'My goal is to teach them to see their practice with an entrepreneur's perspective. And I give them as much information as possible about finances, marketing and acquisition so they have these tools available when they need them later.'

The questions nearly all designers are facing have remained unchanged over the years. 'They are all searching for focus within their practice. And that's the biggest contribution of Driving Dutch Design – providing the means to find focus and balance, so that these creative talents can make choices and do what they're best at', Patrick says. Ernestien expands on this, saying, 'They have questions that aren't addressed during their studies, and that they don't get around to in the course of daily life. They include practical financial matters like: How do I figure out my hourly rate and how can I find the

SKUA Studio at the Masterclass Marketing (2022)

Muscle Memory

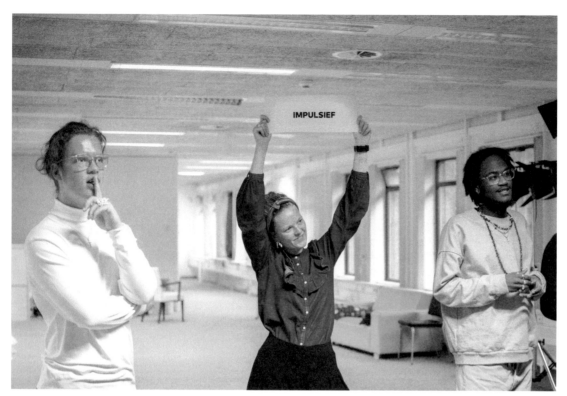

Talent Valley by Muzus (2021)

ze het beste in zijn", zegt Patrick. Ernestien vult aan: "Ze hebben vragen die tijdens hun opleidingen niet worden behandeld en waar ze nu door de waan van de dag niet aan toekomen. Het zijn praktische financiële zaken als: hoe bepaal ik mijn uurtarief tot hoe vind ik de balans tussen betaalde opdrachten en vrije projecten? Het mooie is dat Driving Dutch Design een relatief langdurig traject is waarin je dus de tijd hebt om je gedachten over dit soort zaken te formuleren en dingen te implementeren, totdat je een nieuwe routine in de vingers hebt. Drivers leren zowel van mensen uit de praktijk als van elkaar en dat levert succes en groei op. Zie het programma als een personal trainer: wil je fit worden, dan moet je een lange periode elke week naar de sportschool."

CLUB MET ALLE ANTWOORDEN
Ook Patrick blijft al die jaren onverminderd enthousiast: "Ik mag een bescheiden rol spelen in het mede begeleiden, coachen en adviseren van talentvolle ontwerpers. Ik zie hoe ze zich kwetsbaar durven opstellen, ongeremd openstaan en dingen met elkaar delen, hoe ze feedback en support krijgen, en groeien." Doordat in tien jaar tijd zoveel Drivers hebben geëvalueerd wat ze wilden leren en wat ze hebben geleerd, is het programma

balance between paid assignments and self-initiated projects? The nice thing about Driving Dutch Design is that it's a relatively long process. It gives you the time to formulate your thoughts about these kinds of things and then put them into practice, until you have mastered a new routine. Drivers learn from people in the field as well as each other, which leads to success and growth. This programme is a lot like a personal trainer: If you want to get in shape, you have to spend a lot of time at the gym every week.'

CLUB WITH ALL THE ANSWERS
Patrick hasn't lost any of his enthusiasm over the years: 'I get to play a modest role in assisting, coaching and advising talented designers. I see their daring vulnerability, their uninhibited openness and willingness to share things with each other, and how they receive feedback and support, and grow.'

Because so many Drivers have evaluated what they wanted to learn and what they have learned over the past 10 years, the programme has been further developed and refined. For instance, since the pilot phase, the composition of each group of Drivers has been examined more closely. 'It's as diverse as possible in terms of the disciplines and domains we work with. After all, it's always insightful when a product designer gets a closer look at how a photographer or interior architect runs their practice, for example. However, the phase they find themselves in as creative entrepreneurs is as similar as possible', Patrick explains, 'because they already know where the gaps are, and they have the same basic understanding, experience and insights to enable them to have valuable conversations with each other.'

Interview

doorontwikkeld en verfijnd. Zo wordt sinds de pilotperiode preciezer naar de samenstelling van de groep Drivers gekeken. "Die is zo heterogeen mogelijk wat betreft disciplines en de domeinen waarbinnen wordt gewerkt. Het is immers leerzaam om als productdesigner bijvoorbeeld een inkijkje in de praktijk van een fotograaf of interieurarchitect te krijgen. De fase waarin ze zich als creatief ondernemers bevinden is juist wel zo homogeen mogelijk", vertelt Patrick, "want ze weten al wat de hiaten zijn, hebben basiskennis, ervaring en inzichten zodat ze inhoudelijk goede discussies met elkaar kunnen voeren."

Hij ziet nog een verschuiving: waar Drivers voorheen gemiddeld twee à drie jaar na hun afstuderen een volgende professionele stap wilden zetten en deelnamen aan Driving Dutch Design, zijn zij nu gemiddeld al zo'n zeven jaar professioneel actief. Dat is ook het gevolg van de introductie van BNO Start voor de groep pas afgestudeerde ontwerpers.

Dit jaar is door Katja Lucas van Dutch Design Foundation de DDW/Deliverable ontwikkeld, een pilot die erop gericht is dat individuele ontwerpers elk hun beste presentatie neerzetten tijdens Dutch Design Week, inclusief communicatie en een follow-up. De publiciteit voor de week is gezamenlijk: Sarah van Berkom van Fond Studio ontwierp de campagne rond de Drivers van de tiende editie tijdens Dutch Design Week 2022, met op de website een interactieve kaart die de individuele presentaties toont. De campagne viert tegelijk het tienjarig bestaan van de Club DDD-community.

Want er is leven na Driving Dutch Design: Club DDD is een netwerk van inmiddels tweehonderd alumni. Kars + Boom organiseert evenementen voor deze club, die ook Muzus trouw bezoekt. "Het is een heel waardevol netwerk, waaruit ook al diverse samenwerkingen tussen Drivers zijn ontstaan. Je hebt allemaal wel eens een vraag waarvan je niet weet waar je die moet stellen, en hier vind je altijd wel iemand met een antwoord", zegt Sanne. ●

He sees one more shift: previous Drivers worked for two to three years after graduation before they wanted to take their next professional step with Driving Dutch Design, but now most participants have worked in the field for an average of seven years. It's the direct result of BNO Start, a programme which was introduced for recent design graduates.

This year, Katja Lucas of Dutch Design Foundation also developed the DDW/Deliverable, a pilot project focused on helping individual designers create the best possible presentation for Dutch Design Week, including communications and follow up. However, the publicity for the week is a collective effort: Sarah van Berkom of Fond Studio designed the campaign for the tenth edition during Dutch Design Week 2022, with an interactive map on a website highlighting the individual presentations. In parallel, the campaign celebrates the 10-year anniversary of the Club DDD community.

Because there's life after Driving Dutch Design: Club DDD is now a network of 200 alumni. Kars + Boom organises events for this club, and Muzus regularly attends. 'It's a very valuable network which has led to a variety of collaborations between Drivers. Now and then we all have questions that we're not sure who to ask, and you'll always find someone with an answer here', Sanne says. ●

DRIVING DUTCH DESIGN
You can find all the Drivers and their work at 2022.drivingdutchdesign.nl. For more information about the Driving Dutch Design professionalisation programme, visit www.drivingdutchdesign.nl.

Muscle Memory

A

D

Story

Timon Vader dook in zijn hoofd om te ontdekken wat chaos eigenlijk is, wat chaos betekent voor hem en zijn vak, en hoe je ermee om kunt gaan. Wat komt er op ons af? Wat moet je denken van ontwikkelingen als de 'post-truth society' of kunstmatig intelligente software zoals Midjourney? Als een computer kan nabootsen wat een mens kan, is het dan een nuttige creatieve tool of de nekslag voor een extreem bijzonder en persoonlijk ambacht? Kan anti-design ons redden? Of kan chaos juist een creatieve kracht zijn?

Timon Vader dove deep into his own mind to discover what chaos really is, what chaos means to him and his profession, and how best to deal with it. What's heading our way? What should we make of developments like the 'post-truth society' or artificial intelligence software like Midjourney? And if computers can imitate what humans can do, is it a useful creative tool or the kiss of death for an extremely unique and personal craft? Can anti-design save us? Or can chaos become a creative force?

Timon Vader

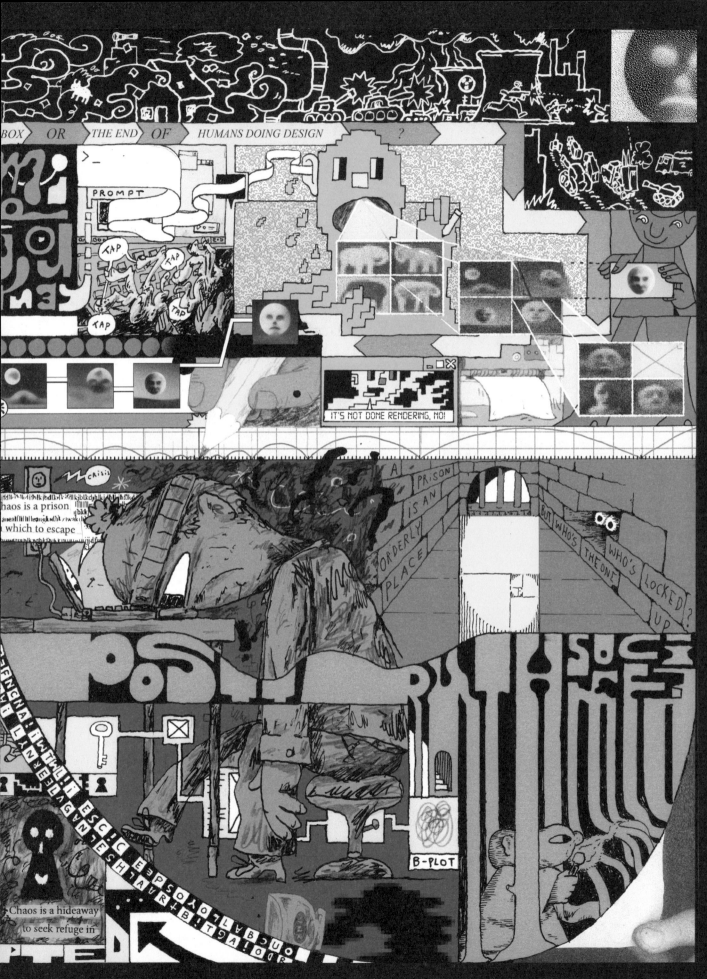

Unfortunately, the conclusion of this joke has been cancelled due to railway union strikes and the highway being blocked off with burning bales of hay.

Lorem ipsum dolor sit amet consectetur adipiscing elit, sed do eiusmod tempor incididunt ut labore et dolore magna aliqua. Quis sum suspendisse ultrices gravida. Risus commodo viverra maecenas accumsan lacus vel facilisis.

Chaos is recursive
Chaos is recursive
Chaos is recursive
Chaos is recursive
Chaos is recursive
Chaos is recursive
Chaos is recursive
Chaos is recursive
Chaos is recursive
Chaos is recursive
Chaos is recursive
Chaos is recursive
Chaos is recursive
Chaos is recursive

Lorem ipsum dolor sit amet

Chaos is a thick layer of vaseline on your glasses

Chaos is too many tiny increments of order stacked together

Chaos is your inability to impose order on things

AH! THERE iT iS!

Index
Credits
'22

Index

Index

Index

Editors:
Freek Kroesbergen (chief editor),
Jean-Louis Goossens, Rita van Hattum,
Madeleine van Lennep, Arwen Ronner,
Matthijs Ronner, Barbara van Santen

Texts:
Yvo de Boer, Edo Dijksterhuis, Pao Lien
Djie, Jeroen Junte, Freek Kroesbergen,
Madeleine van Lennep, Barbara van
Santen, Gert Staal, Viveka van de Vliet

Selections:
Pao Lien Djie, Freek Kroesbergen,
Barbara van Santen and the
Supervisory Board BNO:
Job van der Pijl (chairman),
Rita van Hattum (secretary)
Anja Cronenberg, Anouk Stoffels,
Paul Pennock, Edgar Walthert

Translations:
Liz Keel, Dave Nice

Design:
studio de Ronners

Cover:
Jealous Jelly, from The Adorning
Entities by Maureen Kortenbusch
(Photography: Daniela Petrovic)

Typography:
Diatype, Dinamo

Photography:
Valentina Vos

Illustrations:
Timon Vader

Printing:
NPN Drukkers

Paper:
Igepa
Single-sided high-gloss paper 120 g/m^2
Holmen TRND 2.0 70 g/m^2
Lessebo Design 1.3 White 100 g/m^2
Maxi Offset 140 g/m^2 (endpapers)
Magno Gloss 135 g/m^2 (cover)

Printed and bound in the Netherlands.

Publisher:
nai010 publishers

nai
010

Distribution:
nai010 publishers, Rotterdam
For distribution, sales and handling BNO cooperated with nai010 publishers. nai010
publishers is an internationally orientated publisher specialised in developing,
producing and distributing books in the fields of architecture, urbanism, art and
design. www.nai010.com

nai010 books are available internationally at selected bookstores and from the
following distribution partners:
North, Central & South America - Artbook | D.A.P., New York, USA, dap@dapinc.com
Rest of the world - Idea Books, Amsterdam, the Netherlands, idea@ideabooks.nl

For general questions, please contact nai010 publishers directly at
sales@nai010.com or visit our website www.nai010.com for further information.

ISBN 978-94-6208-777-4
NUR 656 (Styling & Design)
BISAC DES000000 (Design General) / REF027000 (Yearbooks & Annuals)

Dutch designers Yearbook 2022 is also available as e-book:
ISBN 978-94-6208-778-1 (e-book)

Partners:
This publication was made possible by financial support from ASF Goede Doelen
Fonds and Pictoright Fonds.

Credits

Design

Digitale Cultuur

Thursday Night Live!

Agentschap

Architectuur

Het Nieuwe
Instituut

Het Stimuleringsfonds Creatieve
Industrie biedt ruimte voor
experiment, verdieping,
professionalisering en
talentontwikkeling

Meer info, bekijk onze regelingen
en open oproepen via
www.stimuleringsfonds.nl

EUROPEAN DESIGN AWARDS

CALL FOR ENTRIES

CELEBRATING CREATIVE EXCELLENCE

SUBMISSION DEADLINE FEBRUARY 17TH
WWW.EUROPEANDESIGN.ORG

Babette Porcelijn is schrijver en ontwerper
ThinkBigActNow.org

EEN 'HAPPY 2050' CREËREN IS EEN ONTWERPOPGAVE

Economische groei en overconsumptie veroorzaken problemen, zoals ongelijkheid, uitbuiting, klimaatverandering, vervuiling en natuurverlies. We zien de gevolgen hiervan dagelijks in het nieuws. Onze toekomst staat onder druk. Wat te doen?

Hoe creëren we een veilige, fijne wereld waarin we elkaar ook in 2050 oprecht een gelukkig nieuwjaar kunnen wensen? Ik schreef er een boek over: *Het happy 2050 scenario*. Wat blijkt? De meest gunstige route is menselijk en groen: welzijn binnen de draagkracht van de aarde is het meest geschikte doel.

De systeemverandering die hiervoor nodig is, vergt alle ontwerpkracht die we in ons hebben. Wij als ontwerpers zijn 'professioneel probleemoplossers'. We zijn als geen ander in staat om los te komen van het bestaande. Wij kunnen omdenken en werkelijk nieuwe oplossingen ontwikkelen. Andere verhalen vertellen. Andere businessmodellen bedenken. Verbeelden hoe het eruit kan zien.

Dat is niet alleen goed voor later maar heeft vandaag al voordelen. Mijn eigen leven is er bijvoorbeeld op vooruitgegaan nu ik me inzet voor een veilige, fijne toekomst. Nu ik duurzaam leef ben niet alleen gezonder en fitter, maar bespaar ook een hoop geld. Ik leef in lijn met mijn opvattingen en dat voelt fijn. Het mooiste is dat ik me in mijn werk kan inzetten voor iets wat er echt toe doet. Dát maakt pas gelukkig.

Ontwerpers spelen een belangrijke rol in de nodige systeemverandering. Stichting Think Big Act Now kan je helpen om jouw rol te optimaliseren. Lees de boeken, bezoek een lezing of volg de trainingen. En wie weet levert het je niet alleen een happy 2050 op, maar ook een happy nu!

Enjoy the ride.

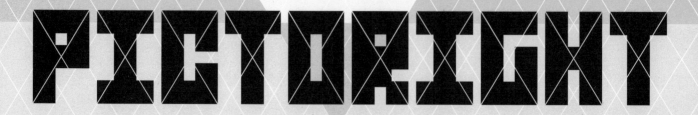